Rainer Nübel
Christina Brecht-Benze

Aufbrechen

Wie Sehnsucht die Gesellschaft verändert

Eine Ermutigung

KLÖPFER&MEYER

Inhalt

Auf den Spuren eines Lebensgefühls

»Träumt einer, so bleibt er niemals auf der Stelle stehen.«
Ernst Bloch

Es scheint, dass seit geraumer Zeit heftig geträumt wird in Deutschland. Was die zahlreichen Protestbewegungen in der jüngsten Vergangenheit zeigen. Viele Menschen träumen von einem anderen Politikstil, wollen von den Regierenden wahr- und ernst genommen werden. Andere brechen still auf, weil sie spüren, in Beruf und Alltag hyperrational funktionieren zu müssen, eigene Träume und Gefühle aber kaum oder nicht leben zu können. Sie suchen den Sinn des Lebens zunehmend jenseits des Materiellen und finden ihn unter anderem im sozialen, gemeinnützigen Bürgerengagement. Der Motor für all die politischen und privaten Aufbrüche ist nicht nur Unbehagen, sondern ein Gefühl namens Sehnsucht. Das ist die Hauptthese dieses Buches. In diesem Gefühl steckt gesellschaftliche Sprengkraft, denn es verleitet zum Aus- und Aufbrechen aus erstarrten Denkmustern, zur Ablehnung einer als mangelhaft erlebten Realität und ermutigt zum ungenierten Liebäugeln mit dem Anderen, der Utopie – also mit jener Vorstellung, dass eine menschlichere, solidarischere, letztlich glücklichere Gesellschaft möglich ist. Und eine Politik, die dafür die Weichen stellt. Nach einer solchen Gesellschaft sehnen sich viele in diesem Land. Je größer die Kluft zwischen Realität und Utopie wird, desto größer wird auch die Entfremdung zwischen Bürgern und Regierenden. Politiker täten also gut daran, dieses verkannte Gefühl nicht länger zu unterschätzen oder es gar zu ignorieren.

Die Ur-Sehnsucht nach Glück zieht sich als blauer Faden durch dieses Buch. Es beschreibt diese Glückssuche als Sinnsuche einer breiten Bürgerschicht. Dennoch ist das Buch weder ein Glücks-Ratgeber noch eine philosophisch-soziologische Analyse. Letztere können wir Journalisten nicht leisten, das haben bereits andere getan, zum Beispiel die Frankfurter Schule oder Pierre Bourdieu und andere. Unsere Arbeit ist die Recherche, das genaue Hinschauen und Hinhören auf das, was sich in einer Gesellschaft abspielt und was die Menschen umtreibt, letztlich das Aufspüren auffälliger Tendenzen und Veränderungen. Nicht mehr, aber auch nicht weniger. Uns fallen seit Jahren immer mehr Bruchstellen und Risse auf. Manchmal gehen sie mitten durch den Menschen. Viele erzählen uns, dass etwas falsch läuft in ihrem Leben. Am Ende steht oft die Erkenntnis, dass sie den Sinn vermissen in dem, was sie tun.

Wir haben dieses Buch geschrieben, weil wir nach mehrjähriger Recherche davon überzeugt sind, dass die

Sehnsucht nach persönlichem und gesellschaftlichem Glück, nach anderen Idealen und konkreten Zukunftsvisionen in diesem Land noch nie so groß war, und wir haben Indizien dafür gesammelt. Am Anfang stehen Beobachtungen zum »fremdelnden Bürger in der verfremdeten Republik«. Möglichst nah an den Menschen wird beschrieben, wo überall in der Gesellschaft Brüche und Aufbrüche sichtbar werden und wie eng die private Sinnsuche mit der Sehnsucht nach einer anderen Auffassung von Politik einhergeht. Wie einfach diese Sinnsuche einmal war, und wie sie sich in den vergangenen Jahrzehnten mehr und mehr differenziert hat, schildert das Kapitel »Glück als Staatsaufgabe?«. Mit der Zukunftsforschung kommen wir zu dem Ergebnis, dass materieller Wohlstand allein als Glücksfaktor für viele inzwischen ausgedient hat. Ein Überdruss am Überfluss lässt immer mehr Menschen zweifeln und nachdenklich werden.

Das Buch eröffnet einen neuen Blick auf dieses Land und seine Gesellschaft: Könnte es sein, dass wir in einem »Sehnsuchtsland« leben, das sich in einer Phase der »rationalen Romantik« befindet? Das Kapitel »Unterm Beton liegt der Strand« beschreibt, wie viel politische Brisanz darin steckt, wenn Regierungspolitiker vor lauter Machtkalkül die Sehnsüchte ihrer Bürger ignorieren und nicht erkennen, dass sie ihr ganzes Menschsein, das Rationale *und* das Emotionale, in diesem Gemeinwesen leben wollen und deshalb aufbrechen. Den Aufbruch, als Sinnbild gelebter Sehnsüchte, nimmt das Buch daher wörtlich. Es entführt die Leser auch zu einer Reise durch Deutschland und Europa, hinein in Lebensräume, die für viele Menschen Sehnsuchts- oder Sinnorte ihres eigenen Denkens und Fühlens sind: »Von Bullerbü nach Matala«. Schließlich malen wir uns eine kleine deutsche Utopie aus: Stell dir vor, die Regierenden bekennen sich zur Bürgermacht Sehnsucht, reden Klartext und schaffen den politischen Rahmen, in dem Träume gelebt werden können. Und im bewegten Deutschland träte nichts mehr auf der Stelle.

Wenn dieses politische und gleichzeitig persönliche Buch die Leser irritieren oder gar aus ihrer Denkfassung bringen sollte, wäre das ganz in unserem Sinn. Der stete Wechsel vom Politischen zum Persönlichen ist Absicht, weil wir der Meinung sind, dass privates Glück sehr wohl mit Politik und Gemeinwesen zu tun hat und beides sich in einem permanenten Prozess befindet. Eine Ermutigung will dieses Buch vor allem sein: Mehr Sehnsucht wagen!, legt es den Politikern nahe. Und: Mehr Sehnsucht leben!, fordert es die Bürger auf.

»Etwas fehlt«

Was, um mit Bert Brecht zu sprechen, sind das für Zeiten, in denen Politiker ganz selbstverständlich von der Sensibilität der Finanzmärkte reden, aber über die der Menschen kein Sterbenswort verlieren? Zeiten, in denen einem geldgierigen, seelenlosen Moloch menschliche Gefühle attestiert werden, aber die Empfindsamkeit der Bürger glatt ignoriert wird. Das schöne Wort Rettungsschirm für eine zigfache Milliardenleihgabe des Steuerzahlers mit ungewissem Ausgang herhalten muss. Eine Bundeskanzlerin diese wahnwitzige Summe völlig ungerührt als »alternativlos« bezeichnet und damit schlicht basta sagt. Was sind das für utopielose Zeiten, in denen andere Lösungen als Schulden mit noch mehr Schulden zu begegnen noch nicht einmal infrage kommen, das Immer-Weiter-So munter immer so weitergeht? Obwohl auch der Dümmste inzwischen begriffen haben dürfte, dass in diesem Land etwas gründlich schiefläuft und sogar aus der Spur geraten könnte. Was sind das für fantasielose Zeiten, in denen Regierungspolitiker im Käfig des Bekannten, des Immer-Schon-Praktizierten, des Möglichen gefangen sind und das Unbekannte, das

Noch-Nie-Probierte, das scheinbar Unmögliche nicht einmal zu denken wagen? »Alle großen Gedanken sind utopisch«, sagte der alte Widerstandskämpfer Stéphane Hessel in einem Zeitungsinterview. Wer seine Auffassung teilt, ist erschüttert ob der Kleinst-Gedanken in so mancher Landtags- und Bundestagsrede.

Wir leben in Zeiten, deren einzige Zukunftsvision immerwährendes Wirtschaftswachstum zu sein scheint. Damit steht und fällt unsere Gesellschaft, ja die ganze Welt, so wird uns das weisgemacht. Seit Ausbruch der Schuldenkrise wird fast ausschließlich über drohende Rezession und Geld geredet, kaum mehr über Werte und schon gar nicht über Gefühle. Reagierten Politiker so sensibel wie die Finanzmärkte, hätten sie aus all den Protestwellen der jüngsten Vergangenheit, der nachdenklich stimmenden sinkenden Wahlbeteiligung, der Etablierung einer Partei aus dem Nichts längst Konsequenzen ziehen und erkennen müssen, dass ausgerechnet ein Gefühl der Motor für all die Aufbrüche und das massenhafte Neinsagen ist. Ein Gefühl, das weit über »das schmachtende Verlangen« nach einem abwesenden Geliebten hinausgeht, als das Sehnsucht im Grimmschen Wörterbuch definiert wird. Hätten unsere Volksvertreter zum Beispiel *Das Prinzip Hoffnung* von Ernst Bloch oder *Haben oder Sein* von Erich Fromm gelesen, wüssten sie um die politische Dimension dieses Gefühls, das eine Gesellschaft verändern kann – mitunter radikal. Sehnsucht ist für Bloch »die einzig ehrliche Eigenschaft des Menschen« und identisch mit Hoffnung, weil beide Gefühle dem »Nein zum Mangel« entspringen. Immer sind es erlebte Defizite im Hier und Jetzt, die die Sehnsucht nach dem Anderen, dem Noch-Nicht, der noch »ungewordenen Möglichkeit« auslösen. Sehnsucht ist für Bloch kein passives Versinken in Melancholie, sondern treibende Kraft in Richtung des noch Ausstehenden, der Utopie. »Utopisch Gewolltes leitet sämtliche Freiheitsbewegungen«, schreibt der Philosoph. Wie wahr dieser Satz ist, wissen wir, seit in diesem Land die Sehnsucht nach Freiheit eine Mauer niedergerissen hat. Das Unmögliche, die Utopie, war durch beharrlichen Bürgerprotest möglich geworden. In ihr lag die Chance für einen neuen Gesellschaftsentwurf, den viele damals erhofften. Diese Chance wurde vertan. Seither ist die Utopie im Gewöhnlichen, im Bekannten, in der Realität des Kapitalismus verkümmert.

Der »Traum nach vorn«, wie Bloch das utopische Potenzial nennt, er schien ausgeträumt. Doch dann stellte sich der Kapitalismus bereits mit Ausbruch der ersten Bankenkrise selbst infrage. Als er sich im Zuge des europäischen Schuldenschlamassels schließlich als wild gewordene, menschenfeindliche Macht entlarvte, wurde der Blochsche Traum nach vorn in vielen Köpfen wieder lebendig. Seither hat die Sehnsucht nach einer anderen, menschlicheren, gerechteren Gesellschaft eine breite Mittelschicht erfasst, die Blochs »Nein zum Mangel« teilt.

Diesen Menschen fehlt nicht nur *etwas*, ihnen fehlt eine ganze Menge. Solidarität zum Beispiel, Empathie und soziale Wärme, Chancengleichheit und Gleichberechtigung. Ihnen fehlen aber auch ganz konkrete Dinge wie Kindertagesstätten, Studienplätze oder menschenwürdige Altersheime. Als größten Mangel erleben viele, von den Regierenden missachtet zu werden. Als Wahlbürger fühlen sie sich zwar kurzfristig heftig umworben, aber dann wieder für Jahre ignoriert – als litten Parteien bis zur nächsten Wahl an einer Art Bürgerverdrossenheit. Nicht nur die Intellektuellen unter den Menschen im Aufbruch verlangen eine Erneuerung dieser Gesellschaft, ein Umdenken und Neudenken, echte Zukunftsvisionen eben. Sie erwarten große, zumindest größere Gedanken als die, die uns gegenwärtig präsentiert werden. Wenn diese Gedanken künftig nicht wenigstens einen Hauch von Utopie enthalten, könnte sich die Parteienlandschaft in diesem »Sehnsuchtsland« womöglich so gravierend verändern, dass Regieren immer schwieriger wird. Was mehr als fatal wäre. Auch für unsere einst mühsam erkämpfte Demokratie.

Wir sind (immer noch) das Volk. Wir entscheiden mit unserer Stimme, wie es weitergeht in diesem Land. Wir haben es in der Hand, der Sehnsucht nach dem Anderen die richtige Richtung zu geben. Demokratie ist alternativlos. Basta.

So viele Brüche, so viele Aufbrüche

Der fremdelnde Bürger in der verfremdeten Republik

Erst sind es ganz feine Risse, die nicht weiter auffallen. Als kleine Irritationen machen sie sich gelegentlich zaghaft bemerkbar, verschwinden aber wieder. Noch scheint alles in Ordnung zu sein. Der Alltag lenkt ab, man hat zu tun. Doch dann melden sich diese Irritationen immer öfter und heftiger. Schließlich beginnen sie Fragen aufzuwerfen. Die kreisen um eben diesen geschäftigen Alltag, dessen andere Seite entschieden zu kurz kommt: Wo bleibt noch Muße, über den Sinn dieses »komischen« Lebens nachzudenken? Wo die Zeit, sich gesellschaftlich und politisch zu engagieren? Warum gibt es keinen angemessenen Raum für Familienleben und Freundschaft? Wenn sich solche Fragen erst einmal ins Denken eingenistet haben, wird der Riss größer und größer. Ignorieren lässt er sich dann nicht mehr – im Gegenteil, er verlangt nach Konsequenzen. Für den, der sie zieht, ist nichts mehr, wie es einmal war. Er ist ver-rückt, hat seinen gewohnten Standpunkt verloren. Sein Blick auf das eigene Ich, auf das Verhältnis zur Gesellschaft, zur

Politik, zum Staat verändert sich. Er spürt eine Bruchstelle in seinem Leben.

Abbrechen, ausbrechen, aufbrechen. Erst ist es ein Gedanke, immer wieder dahingedacht, auch aufgeschnappt von anderen Alltagsbrüchigen: »Es muss doch im Leben noch etwas Anderes geben.« In der Fantasie probiert man erste Schritte weg vom Bekannten und Vertrauten, von all dem, was den Alltag so eindimensional gemacht hat. Man schaut sich dabei zu, wie man vorsichtig eine fremde Tür öffnet, spürt Ängstlichkeit, aber auch ungeheure Neugierde, sieht sich hinaustreten und gleich wieder zurückkehren ins alte Leben. Mitunter will man nur prüfen, ob das Neuland hinter der fremden Tür noch da ist. Die Ausbruchversuche, oft genug im Kopf geübt, machen zuversichtlich, dass es wirklich gehen könnte, wenn man nur wollte. Das andere Leben wartet, es wäre tatsächlich möglich, wenn man es ernst meinte mit ihm. »Was wäre, wenn …?« Diese Frage kehrt von jetzt an immer wieder. Und mit einem Mal werden die Schritte zur fremden Tür fast schon selbstverständlich. Jetzt will man nur noch hinaus und die Tür hinter sich schließen. Ein Zurück scheint ausgeschlossen. Dafür ist man nicht aufgebrochen.

Brüche und Aufbrüche. Sie sind Bestandteil des Lebens. Sie prägen die Beziehung zwischen Menschen, genauso wie ihr Verhältnis zur Politik. Meist werden das »Mentale« einer Gesellschaft, das Privat-Menschliche und die Politik feinsäuberlich voneinander getrennt. Ein kapitaler Denkfehler, der gerade in heutigen Zeiten folgenschwer sein kann. Denn beides gehört zusammen wie die zwei Seiten einer Münze. Der Mensch als Person verhält sich immer zu sich und zum anderen. Er ist zwar ein Individuum, braucht aber eine soziale Gemeinschaft, um sich entfalten zu können. Aristoteles hat als Erster darauf hingewiesen: Der Mensch ist ein nach Gemeinschaft strebendes Wesen, *anthropos physei politikon zoon*. Damit handelt er von Natur aus politisch in einem weiten, umfassenden Sinn, ist auf andere bezogen und deshalb auch auf die Gesellschaft, das Gemeinwesen. Agiert er im direkten politischen Kontext, macht er dies als »ganzer« Mensch, mit all seinen Brüchen oder Aufbrüchen. Sie prägen ihn genauso wie seine Sehnsüchte und Emotionen. Er nimmt sie mit in die Wahlkabine oder auf die Straße, wenn er protestiert. In diesem Fall hätte ihn freilich mancher Politiker gerne emotionsloser, lieber rational. Als ob man Emotionalität vorübergehend ausblenden könnte.

Wer als Journalist durch dieses Land reist, stößt auf viele Brüche. Und Aufbrüche. Manche vollziehen sich sichtbar, im mitunter grellen Licht der Öffentlichkeit. Sie geben Anlass zu lauten politischen und medialen Warnrufen, sie verunsichern und alarmieren. Andere bleiben eher im Verborgenen und Privaten, sind aber häufig nicht weniger gravierend. Alle diese Brüche und Aufbrüche haben eines gemeinsam: Sie verändern diese Gesellschaft und dieses Land – und sie werden es künftig noch stärker und nachhaltiger verändern.

Sehnsüchte lassen sich nicht schlichten

Die Bruchstelle, auf die im Herbst 2010 die ganze Republik schaute, und die seitdem zur Chiffre für eine neue Stimmung im Land wurde, fühlte sich kalt an. An einigen Stellen war der grüne und weiße Lack abgeblättert, das Eisengerippe lag frei. Hundertschaften von Polizisten hatten tagsüber die Gitter in den Boden gerammt, bis sich der Bruch ganz durch den mittleren Schlossgarten in Stuttgart zog. Monströse Machtmittel waren die Wegbereiter: Wasserwerfer, Pfefferspray, Schlagstöcke. Jetzt stand die Barriere, die Trennlinie, die Barrikade. Behelmte Polizisten in schwarzer Montur bewachten sie. Die gellenden Pfiffe und empörten »Lügenpack«-Schreie der Demonstranten schienen über sie hinwegzubrausen, in eine andere Richtung, weiter nach oben.

Als die Nacht hereinbrach, wurden die Szenen an diesem schaurigen Schauplatz zunächst stiller. Halogenlampen leuchteten die kalte, eiserne Bruchstelle aus. Tausende von Menschen standen vor ihr, palaverten, viele begrüßten sich mit Küsschen und Umarmungen und diskutierten über Alltagsdinge. Manche lauschten überrascht der klassischen Musik, die aus einer anderen Welt zu kommen schien. Bis jenseits der scharf gezogenen Trennlinie der unsichtbare Apparat wieder anlief. Ein Polizei-Lkw fuhr heran, die Menge reckte die Hälse, schwarze Helm-Menschen ohne Gesichter setzten sich in Bewegung. Die Menschenmasse rückte aufgeregt an die Barriere, ein Kranwagen näherte sich aus dem Dunkel, und dann begannen alle wie wild zu pfeifen.

Den Mann mit der Motorsäge erkannten viele erst, als es schon vorbei war. Plötzlich, mit einem dumpfen Krachen, war der erste Baum gefallen. Ein, zwei Sekunden lang schien dieses Bild erstarrt, die Szene eingefroren. Dann brach der Sturm los. Schreie, Tröten, Pfiffe, ohrenbetäubend laut. »Aufhören!« »Schämt euch!« »Lügenpack!« Ganz vorne, an den Gittern, wuchs der Druck. Immer mehr Menschen drängten nach. Bei jedem weiteren Baum, der in sich zusammenfiel, schwollen die Schreie aufs Neue an. Die Luft brannte. Ganz sicher, jetzt würde sie überschritten werden, die Trennlinie, die Grenze, nach all den Schlägen, Verletzungen und schockierenden Szenen an diesem Tag. Gleich würde die Bruchstelle gestürmt werden. Es konnte nur eine Frage der Zeit sein. Doch es passierte nicht. Stattdessen begannen Menschen zu weinen, leise, aus erstarrten Gesichtern. Immer mehr wischten sich Tränen aus den Augen, manche verstohlen, als ob es ihnen peinlich wäre. Überall und immer wieder zeigte sie sich, sprang sie einen an, diese enorme Emotionalität.

Vielleicht war es dieser späte Abend des 30. September 2010, des »schwarzen Donnerstag«, an dem – erstmals oder endgültig – greifbar wurde, warum der Politik in diesem Land die Bürger wegbrechen. Und warum so viele Menschen aufbrechen oder schon aufgebrochen sind, in Stuttgart und anderswo, um zu handeln. Verdrossenheit, das war lange ein gängiges Erklärungsmuster. Dann entdeckte ein Hamburger Leitmedium aus sicherer Entfernung den »Wutbürger« hinter dem Stuttgart 21-Protest, und im *Spiegel*-Reflex plapperten andere Medien die Ferndiagnose nach. Der damalige baden-württembergische Ministerpräsident Stefan Mappus meinte, die Demonstrationen gegen den geplanten Tiefbahnhof seien ein Ventil für ausgeprägte Frustrationen.

Vieles spricht jedoch dafür, dass das Ganze viel tiefer liegt, womöglich tiefer als ein versenkter Bahnhofsneubau. Und dass darin für die Politik in ganz Deutschland tatsächlich eine echte Gefahr entstanden ist. Verdrossenheit, Wut und Frust – eine solche gesellschaftliche Indikation, so scheinen manche Herrschenden zu denken, ließe sich ja noch mit Argumenten behandeln, wie authentisch oder bloß konstruiert diese auch sein mögen. Oder, im Notfall, mit Wasserwerfern. Doch in dieser auffallend großen Emotionalität des Protestes, in diesen Brüchen und Aufbrüchen drückt sich noch mehr aus. Etwas, was Machtmanagern zutiefst fremd und suspekt sein muss, etwas, was nicht wegargumentiert, weginszeniert, gegenkalkuliert und schon gar nicht mit beißenden Wasserfontänen aus den Köpfen geätzt werden kann: Sehnsucht.

Sehnsucht erwächst einer als defizitär erlebten Wirklichkeit. Dazu bot das entgleiste Bahnprojekt Stuttgart 21 tatsächlich ein weites Feld. Bei ihren langjährigen Planstrategien und atemberaubenden Milliarden-Jonglagen hatten die Macher en passant einen »Faktor« aus den Augen verloren und schließlich ganz vergessen: den Menschen. Der Eindruck, ausschließlich funktionieren zu sollen, als Wahlbürger, aber faktisch nicht gehört zu werden, grub sich bei vielen S 21-Gegnern nach und nach immer tiefer ein. Bürgernah hatte das Versprechen von Oberbürgermeister Wolfgang Schuster geklungen, damals, 2004 im OB-Wahlkampf: Er werde einen Bürgerentscheid unterstützen, wenn sich die Stadt Stuttgart »in erheblichem Umfang« finanziell beteiligen müsse. Doch nach der gewonnenen OB-Wahl sah Schuster partout keine Notwendigkeit, das Versprechen einzulösen, und schließlich gingen 63.000 Unterschriften von Bürgern ins Leere. Derweil wuchsen und wuchsen die Kosten des Projekts. Ein solcher Vertrauensbruch verstärkt zwangsläufig die Forderung der Bürger, nicht brüsk überhört, sondern ernst- und wahrgenommen zu werden, etwas zu gelten. Verbunden ist damit die Sehnsucht, selbst etwas bewegen und ändern zu können, zumindest »im Kleinen«.

In der großen Emotionalität des Stuttgarter Protestes lag gleichzeitig ein krasser Gegensatz zu der Abgeklärtheit, mit der die politischen Protagonisten und Propagandisten das Megaprojekt seit Jahren managten. Ihnen schien alles nur eine Frage des richtigen Politmanagements, Planungsmanagements, Kostenmanagements oder Kommunikationsmanagements zu sein. Bis die Menschen auf die Straße gingen, Woche für Woche, es immer mehr wurden, Tausende »Oben bleiben« skandierten – und plötzlich ein Krisenmanagement notwendig wurde. Als ob man alles managen könnte. Dann hatte der damalige CDU-Regierungschef Stefan Mappus im Frühherbst auch noch die ganz harte Linie eingeschlagen: »Mir ist der Fehdehandschuh hingeworfen worden, ich nehme ihn auf«, kündigte er damals an. Bürgerferner und hilfloser kann ein Politiker kaum wirken: ein Feldzug gegen das Lebensgefühl »seiner« Bürger, eine Schlacht gegen die Sehnsucht? Mappus hatte das Bewusstsein dafür verloren, dass Menschen ihre Sehnsüchte und Träume leben wollen und müssen. Alle Politiker, die sich dessen nicht (mehr) bewusst sind und unbeirrt allein auf die Macht des rationalen Kalküls und der kalten Funktionalität setzen, laufen Gefahr, so einen sehr großen Teil »ihrer« Bürgerinnen und Bürger zu verlieren. Wenn das nicht schon längst passiert ist. Die zunehmende Entfremdung zwischen Bürgern und Herrschenden, die Politexperten und Journalisten landauf, landab seit Längerem konstatieren, wurde an dieser konkreten Stuttgarter Bruchstelle besonders greifbar. Und zum Exemplum einer Entwicklung, die eine ganze Republik verfremden könnte.

Wer aufgebrochen ist, sucht nach der anderen, vermeintlich besseren Realität, ist in Bewegung. Gleichzeitig sind Aufbrüche etwas Subjektives, können mitunter auch egoistische Züge tragen. Führen sie nicht ans Ziel oder nicht rasch genug, kann die Bewegung ins Leere gehen, sich überdrehen oder radikalisieren. Auch dafür ist die Geschichte des Stuttgarter Konflikts ein Beispiel, das für die ganze Republik bedeutend ist. Die Grünen lebten, wie ihre damaligen Umfrage-Höhenflüge zeigten, lange Zeit politisch sehr stark von den Aufbrüchen hinter dem Protest. Aber auch mit dem gravierenden Risiko, erwartete und geforderte Veränderungen der Realität nicht erreichen und vorweisen zu können. Dieser Erfolgsdruck wurde nach dem von Heiner Geißler moderierten Schlichtungs-Marathon zwischen Gegnern und Befürwortern Ende 2010 noch größer. Er hatte, wie CDU-Politiker betonten, den heftigen inhaltlichen Streit »versachlicht«. Sehnsüchte aber lassen sich nicht schlichten.

Der Protest ging weiter, nahm in manchen Teilen der Bewegung an verbaler Schärfe zu, verhärtete sich zunehmend. Die Grünen profitierten weiter von diesem Dagegen-Sein, von dieser Sehnsucht »dagegen«. Bis die CDU, nach mehr als einem halben Jahrhundert, in Baden-Württemberg abgewählt war und Winfried Kretschmann erster grüner Ministerpräsident wurde. Die damit verbundene Erwartung der S 21-Gegner, jetzt werde das Bahnprojekt endlich gestoppt, erfüllte sich jedoch nicht. Der Aufbruch prallte gegen die politische Realität – und führte zu einem neuen Bruch. Als Ende November 2011 bei der Volksabstimmung eine deutliche Mehrheit in Baden-Württemberg für den Tiefbahnhof votiert hatte und der grüne Regierungschef erklärte, er werde diese demokratische Entscheidung umsetzen, lieferte das politische Exemplum Stuttgart eine weitere brisante Facette. Enttäuschte Projektgegner riefen jetzt: »Kretschmann, mach' den Mappus.«

Es rumort in der Republik

Manchmal kann man den Bruch beziffern. Nicht nur an den hohen Teilnehmerzahlen bei Demonstrationen gegen ein Bahnprojekt, gegen die Castortransporte nach Gorleben, eine Schulreform in Hamburg, neue Stromtrassen, Brückenprojekte oder Landebahnen. Sondern in belastbaren Prozentzahlen, bis auf die Stelle hinterm Komma genau. In den Jahren 2005 und 2009 lauteten sie 77,7 beziehungsweise 70,8 – die Wahlbeteiligung bei Bundestagswahlen sank in der ersten Dekade des neuen Jahrhunderts kontinuierlich. Seit Kriegsende war sie nie so niedrig. Dieselbe Bruch-Rechnung gilt auch für die Bundesländer. Längst hat die Quote vernachlässigter Nichtwähler das Potenzial einer Volkspartei erreicht.

Und plötzlich kommt, wie aus dem Nichts, Bewegung in die scheinbar verhärtete Schicht der Nichtwähler. Zur hochprozentigen Verblüffung der etablierten Parteien. Und als Parteien-Schreck. Die Piraten tauchen aus der Tiefe des Netzes auf, entern mal kurz den Politikbetrieb mit plakativen Demokratie-Werten wie Transparenz und direkter Beteiligung und sind aus dem Stand bei Wahlen erfolgreich. Diese neue Partei, mit vollen Segeln zeitgemäß auf Online-Kurs, schafft es, Nichtwähler in großer Zahl zu mobilisieren. Weil sie neue politische Formen auf ihre Piratenfahnen schreibt. Weil sie für die Chance oder zumindest für den Glauben steht, dass das Internet neue, andere Möglichkeiten der Partizipation bietet. Weil sie unkonventionell daherkommt – so unkonventionell, dass manche ihrer Vertreter der breiteren Öffentlichkeit erst dann bekannt werden, wenn sie bereits in einen Landtag gewählt worden sind. Weil sie sich irgendwie nach neuer Freiheit anhört, nach digitaler Freiheit. Letztlich, weil sie die Sehnsucht vieler und insbesondere junger Bürger nach einer anderen Form von Politik verkörpert. Dass diese Freibeuter sich am Urheberrecht, am geistigen Eigentum und Schöpfertum vergreifen wollen und ihr gesamtes politisches Programm teilweise noch eher nebulös erscheint, schreckt offenbar nicht ab. Mit ihrem Selbstverständnis, keine klassische, von politischen Eigeninteressen geleitete Partei sein zu wollen, sondern eine luftig-lockere Plattform für Bürger, die sich mit eigenen Themen einmischen und zu Wort melden, segeln die Piraten hart am *wind of change*. Dort, wo andere Parteien Schiffbruch erlitten haben.

Als brüchig zeigt sich nicht nur das Verhältnis weiter Teile der Bevölkerung zum politischen Establishment, sondern auch das zur zweiten, vielleicht noch größeren Macht in diesem Land: zu den Bossen der Wirtschafts- und Finanzwelt. Kaum ein Gespräch unter Arbeitnehmern, in denen diesen Chefs nicht nachgesagt wird, dass sie knallhart dirigierten, sich nicht um die Belange der Belegschaft kümmerten, sondern sich nur um ihr eigenes Managerheil bemühen würden. Und kaum ein Gespräch, in dem nicht der Wunsch, die Hoffnung oder die Forderung anklingt, endlich wieder als Mensch wahrgenommen zu werden und nicht nur als Humankapital im Sinne von Kostenfaktor. Namhafte Konzerne wie Telekom, Deutsche Bahn, Lidl, Daimler oder Siemens, lange Zeit als Prachtexemplare der properen Deutschland AG gehandelt, sorgten in den vergangenen Jahren dafür, dass die glänzenden Fassaden tiefe Risse bekamen. Entweder ließen sie Mitarbeiter und kritische Geister bis ins Intimleben hinein ausspionieren oder sie bestachen durch Korruptionsaffären. Doch auch in vielen mittelständischen Betrieben herrscht schon lange nicht mehr die früher so oft beschworene familiäre Atmosphäre. Mancher

Mittelstands-Manager mimt allzu gerne den knallharten und kühl kalkulierenden Geschäftsführer, als Kopie der ganz großen Macher aus den internationalen Wirtschaftsblättern. Gelebte Verantwortung für die Belegschaft, das Wissen und Bewusstsein darüber, dass hinter Mitarbeitern individuelle Biografien, persönliche Lebensentwürfe, Schicksale und Familien stehen, solch menschliche Qualitäten eines Firmenchefs werden zunehmend vermisst.

Als dann noch die globale Geldmarktkrise erstmals über die Deutschen kam, brach das Ansehen von Finanzartisten und Spitzenbankern fast noch schneller ein als die Börsenkurse. Sie hatten Casino gespielt, ohne Rücksicht auf Verluste, und dabei jede Menge Vertrauen verzockt. Doch das vermeintlich rationale Prinzip des Immer-Mehr und Immer-Weiter, das sie angetrieben hatte, war und ist nicht nur in den Geldtowern ein herrschendes Motiv. Es bestimmt seit Langem auch maßgeblich das Denken und Handeln weiter Teile der Gesellschaft. Fast schon nach romantischer Fiktion klingen daher die Wünsche und Forderungen, die seitdem laut geworden sind: Rufe nach Umkehr, Umdenken, Wertewandel, Neubesinnung – nach einer »menschlicheren« Finanz- und Wirtschaftswelt.

Gleichzeitig rumort es auch in der Mediengesellschaft. Das Misstrauen in die Arbeit von Journalisten ist gewachsen. Mehr noch: In Deutschland zeigt sich eine zunehmende Entfremdung der Bürger von den etablierten

Medien. Dieses Problem, ebenfalls ein alarmierendes Zeichen für die Demokratie, teilt sich die »vierte Gewalt« mit der Politik. Mitunter ist diese Entfremdung sogar physikalisch messbar: an der Fonzahl des Protests. Bei so manchen Demonstrationen gegen Stuttgart 21 hallten die Unmutsbekundungen gegen die örtliche Presse fast genau so massiv wie die »Mappus weg«-Rufe. Hier der Vorwurf, über die Köpfe der Bürger hinweg zu regieren, mit der »Arroganz der Macht«, dort die Kritik, an den »wahren« Bedürfnissen und Interessen der Menschen vorbei zu schreiben, mit der fragwürdigen »Macht der Medien«. Oder noch eine Spur schärfer: hier das fast schon gängige Bild von der »korrupten« Politik, dort das zunehmend verbreitete Diktum von der »käuflichen« Presse. Der Verdacht wiegt schwer, und er trägt längst nicht nur die rustikale Aura des Stammtisches, sondern ist in den gut-bürgerlichen Mittelstand und ins Bildungsbürgertum wie ein schleichendes Gift diffundiert: So wie *die* Politiker nur ihre eigenen Machtinteressen verfolgen und sich von den Lobbyisten wohlfeil manipulieren lassen, schreiben *die* Medien den Politgrößen und den Wirtschaftsbossen nach dem Mund, um ihren Einfluss zu wahren und potente Anzeigenkunden bei Laune zu halten.

Ein zentraler Grund für diesen pauschalen Verdacht liegt bei den Medien selbst. Sie lassen seit Jahren ausgerechnet das vermissen, was sie von Politik, Justiz oder Wirtschaft vehement und unermüdlich fordern: Transparenz. Als »vierter Gewalt« obliegt ihnen die Kontrolle der Macht, meist legen die Medien jedoch nicht offen, mit welchen Spielregeln sie dieser Aufgabe nachkommen wollen. Sie versuchen Licht in dunkle Polit-Machenschaften zu bringen und hermetische Machtsysteme zu knacken, bleiben aber verschlossen und seltsam unnahbar wie eine Sphinx, wenn es dubiose Netzwerke in eigener medienpolitischer oder wirtschaftlicher Sache zu kommunizieren gälte.

Die stille Bewegung

Noch mehr Risse gehen durch diese Gesellschaft. Starre Gegensätze zeichnen sich ab: zwischen Arm und Reich, Arbeitsplatzbesitzern und Langzeitarbeitslosen, Bildungsbürgertum und »Bildungsfernen«, vermeintlichen Gewinnern und Losern, Etablierten und Fremden, Lautsprechern und Schweigern. Soziale Kälte wird konstatiert und beklagt, Isolierung, mangelnde Empathie, Egoismus, das Zerbrechen von Familien, von Gemeinschaft, des Generationenvertrags. Doch gleichzeitig brechen mitten in dieser Gesellschaft Bürger auf, um anderen Menschen zu helfen, für sie da zu sein – auch um soziale Realitäten menschlicher werden zu lassen. Nicht, weil es ihr Job wäre, weil sie dafür Geld bekämen, sondern freiwillig, ehrenamtlich, mitunter auch ihrem Glauben verpflichtet, häufig zum Nulltarif oder nur für eine kleine

Aufwandsentschädigung. Sie verteilen in Vesperkirchen Essen an alte Menschen, Langzeitarbeitslose, Alleinstehende und Obdachlose. Verkaufen in Tafel-Läden Lebensmittel, die Discounter bereits aussortiert haben, zu geringen Preisen an Bedürftige. Üben Nachbarschaftshilfe. Gründen Selbsthilfegruppen. Betreuen Kinder, damit deren alleinerziehende Mütter arbeiten können. Machen Einkäufe für Senioren. Helfen Pflegepatienten und Behinderten. Unterstützen Jugendliche bei ihrer Lehrstellensuche. Kümmern sich um Menschen, die das Leben aus der Bahn geworfen hat.

Es sind die Engagierten. In Bereichen wie der Alten- und Krankenfürsorge sind diese Ehrenamtlichen nicht mehr wegzudenken. In Zeiten extrem knapper Haushaltskassen der Kommunen sind sie es, die diese wichtige Aufgabe zunehmend mit übernehmen müssen und damit Lücken staatlicher Belange schließen. In Deutschland sind 36 Prozent der Bürger ehrenamtlich aktiv. In der schwäbischen Stadt Nürtingen, die 40.000 Einwohner hat, ist es sogar jeder Zweite. Wobei sich darin beileibe keine größere Affinität oder positivere Einstellung zum Politischen ausdrückt. In Nürtingen, der heimlichen »Hauptstadt des Ehrenamts«, ist die Wahlbeteiligung bei Bundestags- oder Landtagswahlen in den vergangenen Jahren ähnlich gesunken wie an anderen Orten dieser Republik. Was treibt die Engagierten an? »Häufig ist es der ganz starke Wunsch, selbst zu handeln, um soziale Realitäten positiv gestalten zu können«, sagt der Sozialpädagoge Hannes Wezel, der zwanzig Jahre den Nürtinger Bürgertreff, das Herzstück des lokalen Bürgerengagements, geleitet hat. »Mehr noch, bei vielen ist es geradezu eine Sehnsucht danach.« Eine gelebte Sehnsucht.

Vom Anderen träumen

Andere Menschen brechen im wahrsten Sinne des Wortes auf und brechen ihre Zelte ab. Sie gehen weg aus Deutschland, weit weg. Verlassen das Land, ihre Heimat, um anderswo zu leben. Viele wollen neu anfangen, sich komplett anders orientieren. Das gab es schon immer. Doch die Zahl der Auswanderer ist in den vergangenen Jahren sichtbar gestiegen. Ihre Gründe und Motivationen sind disparat: Es kann der bewusste Bruch mit dem Bisherigen sein, weil man mit dem Leben hier unzufrieden ist. Die Abkehr von einem Staat, der einem fremd geworden ist, oder von einem politisch-gesellschaftlichen System, in dem alles normiert und geregelt erscheint, bis in die Kehrwoche oder die Krümmung der Gurke. Die Flucht aus gescheiterten Lebensentwürfen, Beziehungen oder gefühlten Zwängen. Die Hoffnung auf Karrieren oder die elementare Lust etwas Neues zu entdecken, dem Fernweh zu folgen. Spricht man mit Auswanderern, klingt ein Aspekt immer wieder an, gleichgültig, aus welchem konkreten Grund sie gehen, abhauen wollen: ein tiefer

Wunsch nach dem Anderen und Besseren, ein Traum, eine Sehnsucht.

Und die Daheimgebliebenen geben gerne das Publikum dieser Sehnsuchts-Spektakel. Sie sind neugierig dabei, wenn die Pläne geschmiedet, die Möbel gepackt, die Brücken abgerissen werden, wenn die Flugzeuge abheben und die Helden an fremden, paradiesischen Orten landen. Oder auf dem Boden harter Realität. Fernsehsendungen über Auswanderer-Schicksale haben beachtliche Zuschauerquoten. Es lässt sich so schön mitabhauen und träumen – was wäre, wenn? Oder man hat es schon immer gewusst: Solche romantischen Abenteuer müssen doch schiefgehen.

Ganz im Trend liegen derweil die Auszeiten zwischendurch. Für ein paar Tage oder einige Wochen. Jedes Jahr werden es mehr, die »dann mal weg« sind. Sie machen sich auf den Weg, um ein Ziel zu erreichen. Das Ziel sind häufig sie selbst, ihr Ich, pilger-pathetischer ausgedrückt: der Sinn ihres Seins, jenseits der alltäglichen Funktions-Rolle, die man spielt. Viele ziehen los, um bei sich selbst anzukommen. Sie suchen die Stille, die Einkehr. In ihrem Bezug zu Gott und der Welt. Oder um abzuschalten. Oder um sich in eine neue Richtung zu denken. Pilgern als Metapher für das Leben. 270.000 Menschen waren es, die allein im Jahr 2010 den Jakobsweg nach Santiago de Compostela gegangen sind. Ein Rekordansturm. Unter den Ausländern standen die Deutschen mit rund 14.500 Wallfahrern an der Spitze. Sie kommen aus den verschiedensten gesellschaftlichen Bereichen, aus allen Altersgruppen. Viele Familien sind darunter. Und Jugendliche.

Manchmal jedoch kann der vermeintliche Aufbruch, die Suche nach Antworten auf Sinnfragen oder nach »echter« Gemeinschaft in eine gefährliche Seelenfalle führen. Ins psychische Fiasko. Und in den finanziellen Ruin. Zigtausende Menschen sind in den vergangenen Jahren fast unbemerkt von ihrem persönlichen Umfeld und der Öffentlichkeit in skurrile Parallelwelten geraten – beherrscht von selbst ernannten Göttern, Gurus und Geistheilern. In Wirklichkeit sind es Scharlatane, doch sie wissen aus den Brüchen und inneren Verwerfungen der Menschen Kapital zu schlagen: Sie versprechen ihren Jüngern Lösungen in allen Lebenslagen, wahlweise auch die Überwindung von Schwerelosigkeit oder sogar die Göttlichkeit. Wobei Letztere besonders teuer ist. Sie kassieren für alle diese Lügen. Weil die Menschen, die in ihre Fänge geraten sind, an ihre Heilsversprechen glauben, partout glauben wollen – und dafür zahlen. Hohe Summen, manchmal ein ganzes Vermögen. Häufig zahlen sie auch mit dem totalen Verlust ihres Ichs.

Der Bruch geht mitten durch sie hindurch: Manager, die tagsüber Maßanzüge und Verantwortung tragen, wichtige Geschäftsentscheidungen treffen und abends zu Hause vor einem selbst gebastelten Altar das Foto ihres Gurus anbeten, eines dubiosen Psycho-Führers. Lehrerinnen, die ihren Schülern Geschichtsunterricht geben und sich von ihrem Sektenführer weismachen lassen, Hitler sei ein Engel gewesen und werde in der kommenden Umbruchzeit rehabilitiert. Kommunalpolitiker, die fest daran glauben, dass ihre dubiosen Heilbringer »Seelenträger« von Goethe, Beethoven oder Seneca seien, oder sogar göttliche Inkarnationen. Verkäuferinnen, die nach einigen Guru-Kursen felsenfest davon überzeugt sind, dass man beim Computerprogramm Mensch nur die Löschtaste drücken muss, damit sämtliche Sorgen loshat und alles auf Neustart geht.

Geht es um die Macht von Sekten, stand dafür stets der Name »Scientology«. Doch in den vergangenen Jahren sind, was öffentlich kaum oder gar nicht wahrgenommen wurde, kleinere Psychogruppen wie Unkraut aus dem Boden gewachsen. Mehrere hundert gibt es inzwischen in Deutschland. Nach Erkenntnis von Sektenexperten sind Hunderttausende bereits in ihre Falle getappt. »Wir leben in einer Gesellschaft, die sehr erfolgs- und leistungsorientiert ist, die sich zunehmend über Effizienz definiert«, erzählte uns einmal die Sektenexpertin Gabriele Lademann-Priemer. »Für Schwächen, die alle Menschen haben, ist da kein Platz. Weil viele jedoch mit ihren Schwächen allein nicht fertig werden, sind sie anfällig für spirituelle Verlockungen. Diese Gruppen locken die Menschen mit vermeintlicher Wärme. Ein Versprechen, das die Sekten nie halten.«

Immer mehr Menschen nehmen letztlich auch die tradierten Systeme des Denkens, die Ideologien sowie die Wirtschafts- und Lebensformen als brüchig wahr. Der real existierende Kommunismus und der Sozialismus sind bereits zusammengebrochen, nur noch Geschichte, und der Kapitalismus geht nicht gerade mit gutem Beispiel voran. Spätestens die globale Finanzkrise hat es vor Augen geführt: Der Raubtierkapitalismus ist offenbar von keinem staatlich-politischen System zu bändigen. Gleichzeitig spürt man bei vielen Bürgern die Besorgnis, dass die Demokratie nicht mehr so intakt ist, wie sie es sein sollte, um zu halten und Halt zu geben. Wenn solch elementare Grundlagen und Überbauten brüchig werden, verlieren Menschen zunehmend ihren System-Halt, ihre feste Orientierung und beginnen zu suchen.

So viele Brüche. Im Großen wie im Kleinen. In diesem Staat, im politischen System, im Verhältnis der Bürger zu den Herrschenden wie auch in der sozialen Gemeinschaft. Im Privaten, oft im einzelnen Menschen, in dessen Ich und Leben. Und so viele Aufbrüche. Innerhalb dieser Gesellschaft, aber auch in vielen, ganz konkreten privaten Lebensentwürfen. Wir leben in einer verfremdeten Republik, als fremdelnde Bürger: Das ist kein apokalyptisches Zukunftsszenario, keine Horrorvision, von unverbesserlichen Pessimisten und Berufsnörglern gemalt, sondern in großen Teilen schon Realität. Viele Menschen erleben die Realität in diesem Land und in ihrem Leben inzwischen als äußerst unvollkommen. Deshalb gehen sie auf Distanz oder brechen auf, um nach all dem zu suchen, was sie mit einem intakten, menschenfreundlichen Staat und dem eigenen Glück verbinden.

Politikverdrossenheit, Wutbürger, Dagegen-Republik – all diese Erklärungsversuche von Politikern und auch von Journalisten für die neue »Atmosphäre« in Deutschland greifen zu kurz. Die Realität ist vielschichtiger: Immer mehr Menschen in diesem Land sehnen sich nach einem erfüllten, selbstbestimmten Leben, gleichzeitig wollen sie mehr gesellschaftliche Teilhabe und politische Beteiligung, als Bürger mit Wirkung. Nur wenn die Politik dafür sinnvolle Rahmenbedingungen schafft, kann eine noch größer werdende Entfremdung zwischen Bürgern und Staatsmacht oder sogar eine Radikalisierung verhindert werden. Positiv ausgedrückt: Bürger mit einem gestärkten Selbstbewusstsein fördern maßgeblich ein demokratisches Gemeinwesen. Die Herrschenden sollten realisieren, dass sie ein »Sehnsuchtsland« regieren.

Glück als Staatsaufgabe?

Der Wachstums-Wahn und die Sehnsucht nach Sinn

Es war einmal ein überaus kluger und feinsinniger amerikanischer Präsident, den Macht um der Macht willen anödete. Er verstand sich als Staatsdiener im wörtlichen Sinn und sein Amt als eine Art Dienstleistung am Volk. Dessen Wohlbefinden lag ihm so sehr am Herzen, dass er das Wort Glück sogar in die Verfassung schrieb. Zusammen mit John Adams und Benjamin Franklin erklärte der spätere, dritte Präsident der Vereinigten Staaten, Thomas Jefferson, 1776 die Ur-Sehnsucht des Menschen zum politischen Programm und verankerte sie in der Unabhängigkeitserklärung. »Liberty, freedom and the persuit of happiness«, also das Streben nach Glück, werden darin als unumstößliche Grundrechte der Amerikaner festgehalten. Jefferson fand das keinesfalls revolutionär, sondern nur folgerichtig. Politik hat den Menschen zu ihrem Glück zu verhelfen, wozu soll sie sonst da sein? So kann offenbar nur ein Universalgelehrter denken. Ein Mann, der sich in nahezu allen Wissenschaften zu Hause fühlte, der Philosoph, Jurist, Meteorologe, Erfinder,

Farmer und Architekt war, um nur einige seiner Zweit-Berufe zu nennen. Er hat die Universität von Virginia nicht nur entworfen und gebaut, sondern gleich noch ihren Lehrplan mit entwickelt. Weil er sich natürlich auch in der Psychologie bestens auskannte, war das Wort Volksseele und deren Bedürfnisse für ihn kein Fremdwort. Politiker solchen Formats scheinen bereits mit Thomas Jefferson ausgestorben zu sein.

Das Wort Glück kommt in der deutschen Verfassung nicht vor. Lediglich in der Nationalhymne, die sich damit begnügt, Freiheit blumig als des Glückes Unterpfand zu besingen. Glück explizit zur Staatsaufgabe zu erklären, schien im Nachkriegsdeutschland auch nicht nötig zu sein. Weil die Gründerväter von Anfang an auf das kapitalistische System als Glücksgaranten setzten. In diesem System galt ungebremstes Wirtschaftswachstum, Gewinnmaximierung und Profit als handfestes Unterpfand des Glücks. Es würde sich mit dem materiellen Wohlstand gewissermaßen automatisch einstellen, davon war man felsenfest überzeugt. »Automatisch« war überhaupt ein Lieblingswort jener Zeit, in der man sich den Kapitalismus noch als eine fleißig rackernde Maschine vorstellte, die Arbeitsplätze wie am Fließband ausspuckte, unermüdlich Waren produzierte und Glück als eine Art Abfallprodukt gratis mitlieferte. Wären im damaligen Herrenclub mehr Gründermütter zu Wort gekommen, hätten manche Paragraphen, die Frauen zumindest indirekt Glück versprechen, womöglich anders ausgesehen. Vielleicht konkreter, verbindlicher und belastbarer. »Alle Menschen sind vor dem Gesetz gleich«, heißt es in Artikel 3 Absatz 1. Ein hehrer Satz wie auch der folgende: »Der Staat fördert die tatsächliche Durchsetzung der Gleichberechtigung von Frauen und Männern und wirkt auf die Beseitigung bestehender Nachteile hin«, so Absatz 2. Der Staat hat sich bis heute damit Zeit gelassen. Über ein halbes Jahrhundert später sind Männer noch immer gleicher als Frauen, wird eine groteske Debatte über Frauenquoten geführt, die durchaus noch Jahrzehnte dauern kann. Dass sich darüber auch Ministerinnen in den Haaren liegen, ist Wasser auf die Mühlen der Machos in Politik und Wirtschaft. Aber das nur nebenbei.

Als das Grundgesetz geschrieben wurde, steckte der Glück verheißende Kapitalismus in den Kinderschuhen und musste erst noch laufen lernen. Was ihn rückblickend fast schon wieder sympathisch machte. Breitbeinig wie ein Revolverheld konnte er schon deshalb nicht daherkommen, weil er sich noch erproben und bewähren musste. Als echte Alternative zum Sozialismus, dessen karges Glücksversprechen er mit dem Slogan »Wohlstand für alle« im Handumdrehen in den Schatten stellte. Auch weil dieser clevere Slogan zugleich hoffnungsfroh »Glück für alle« suggerierte. Er wurde zum tragenden, ideologischen Fundament der jungen Bundesrepublik und zementierte die fatale Gleichsetzung von Lebensstandard und Lebensqualität, die bis heute in uneinsichtigen Politiker-Köpfen herumgeistert und bisweilen noch immer allen Ernstes öffentlich vertreten wird. Im damaligen Trümmerfeld Deutschland war diese Gleichsetzung noch fraglos. Der Brechtsche Satz vom Fressen, das vor der Moral kommt, galt damals nur bedingt. Denn das Fressen war die Moral, im Wohlstand lag der Sinn des Lebens. Weil damals weit mehr Menschen als heute wenigstens ein paar Krümel vom Wohlstandskuchen abbekamen, ein bisschen Reichtum auch ganz unten ankam, erlebten viele dieses System tatsächlich als Glücksbringer. Im Vergleich zu den tristen Aussichten einer sozialistischen Planwirtschaft schien die soziale Marktwirtschaft geradewegs in ein Schlaraffenland zu führen, in dem irgendwann bestimmt auch noch Milch und Honig fließen würden. Hinzu kam, dass sich dieses System noch nicht wie ein wild gewordenes Raubtier aufführte, sondern wie ein gut erzogener Hund brav an der Leine ging. In der Hand hatte sie ein behäbiger Mann, der bestimmte, wo es lang ging, und nicht der Hund. In den Augen vieler Bürger nahm der Hund allmählich die Züge seines Herrn an und verwandelte sich schließlich in das runde, gutmütige Gesicht von Ludwig Erhard. Diesem menschlich aussehenden Kapitalismus konnte man vertrauen. Dieser Kapitalismus rauchte noch gemütlich Zigarre. Er war noch kein hektischer Brandstifter, der flächendeckend Feuer legte und haufenweise Geld verbrannte.

In dieser Zeit des »guten« Kapitalismus begann die seltsame Anbetung des Wirtschaftswachstums. Es wirkt bis heute auf Politiker aller Industrienationen wie eine Droge. Floriert die Wirtschaft, stehen die gerade Regierenden richtig gut da, auch wenn sie für diesen Aufschwung oft gar nichts können, weil die Vorgänger-Regierung die Weichen dafür gestellt hat. Nimmt das Wachstum dann auch noch die Dimension eines Wunders an, klopft sich der gerade amtierende Wirtschaftsminister vorsorglich selbst auf die Schulter, bevor es die anderen vergessen. Allen voran die jeweiligen Bundeskanzler. Egal, wo es herkommt, das große oder auch mal kleine Wunder, Hauptsache es ist da, das allein selig machende Wirtschaftswachstum. Es ist Legitimation für alles, was eine Regierung unternimmt oder auch sein lässt. Es berechtigt zum Abwirtschaften dieses Planeten, das so radikal geschieht, als ob es dafür eine Abwrackprämie gäbe. Mantrahaft wiederholt soll das Wort Wachstum dem Wahlvolk einbläuen, dass doch alles gut ist im deutschen Vaterland. Nur, warum gibt sich das Volk inzwischen mit rein materiellem Fortschritt nicht mehr zufrieden?

Was haben die Bürger landauf, landab ständig herumzumäkeln? Was soll die ewige Demonstriererei in dieser Vorzeige-Republik? Am liebsten würden sich die unverstandenen Politiker ja ein anderes Volk wählen. Eines, das auch mal dankbar ist, Ruhe gibt und fleißig Autos und größere Kühlschränke kauft. In den Fünfziger- und

Sechzigerjahren hat das doch auch geklappt. Da konnten sich die Regierenden noch auf ihr Volk verlassen, da haben die Menschen so reibungslos funktioniert wie die vielen nützlichen, aber größtenteils überflüssigen Maschinen, die in alle Lebensbereiche lärmten. Damals ging es doch auch ohne so lästige Fragen, wozu die unzähligen Stromfresser gut sein sollen, ob sie womöglich Atomkraftwerken den Weg bahnen. Im Gegenteil, alles, was elektrisch in die Gänge kam, faszinierte die Menschen so sehr, dass sie es besinnungslos kauften. Es war eine Zeit, in der man selbst Beziehungsprobleme mit Strom löste. »Erhalt' das Glück in deiner Eh' mit einer Waschmaschine von AEG«, lautete einer dieser schlicht-schlauen Werbeslogans, die nebenbei ein Frauenbild zementierten, das Jahrzehnte überdauerte. Lange Zeit war es selbstverständlich, dass größere Anschaffungen natürlich der Ehemann im Alleingang tätigte, denn nur er wusste, was gut ist für »Muttis Glück«. Und der Staat wusste es. Ausschließlich in der Küche sah er den Platz der Frauen. Wollten sie ihr Glück im Beruf finden, brauchten sie das schriftliche Einverständnis des Göttergatten. Dieses Männerprivileg existierte bis in die Siebzigerjahre – wohlgemerkt des 20. Jahrhunderts.

Deutschland war zu jener Zeit aber nicht nur ein Schlaraffenland für Familien-Oberhäupter – es herrschten auch ideale Zeiten für die Häuptlinge in der Politik. Nicht nur, weil das Volk so einfach zu ködern war, sondern weil nahezu alles, was Politiker damals taten, nur richtig sein konnte nach den barbarischen Irrtümern der großmäuligen Nazi-Zeit. Dass viele dieser Herren, die nun das Sagen hatten, bis zum Hals im braunen Sumpf steckten, hat das vergessliche Volk damals ebenso schnell verdrängt wie die eigene Feigheit, den Großmaul-Spezialisten Paroli zu bieten. Aber Schwamm drüber, jetzt wurde in die Hände gespuckt, nach vorne geschaut und allenfalls verstohlen noch zurück. Das Wirtschaftswunder kam wie gerufen. Es lenkte ab und lullte ein. Kaufen bis zum Umfallen war das Motto. Noch bevor dieses Volk wenigstens ansatzweise zur Besinnung kommen konnte, war es »kollektiv besoffen« von dieser unglaublichen Warenwelt, die wie ein Konsum-Tsunami die kargen Haushalte überschwemmte. Es war die Stunde der Vorträumer des Glücks, dieser raffiniert kalkulierenden Werbepsychologen, die in ihre Trickkisten griffen und den Köderern aus Politik und Wirtschaft unter die Arme. Sie gaben dem Glück all die banalen Bilder, die viele bis heute mit sich herumschleppen und nicht loswerden. Kaum hat man das Wort Glück ausgesprochen, rotieren im Kopf die Klischees, belästigen aufdringliche Schlagerschnipsel das Denken, selig grinsende Paare das Gemüt und trickreich geschönte Körper die gute Laune. Damals lautete die schlichte Botschaft: Gefühle kann man kaufen. Weil das fast alle glaubten, lief im Wahn des Wirtschaftswunders das Geschäft mit der Ware Glück bald wie geschmiert. Als Gefühl lag Glück zwar noch gänzlich unproduktiv auf Pferderücken herum, gedieh besonders in der Enge des trauten Winkels von Ehe und Familie und blühte in Schrebergarten-Kolonien geradezu auf. Aber es nahm allmählich immer lukrativere Formen an. Die Ware Glück hielt Einzug in die rasant wieder heil gewordene Welt. In ihr konnte man sich Glück jetzt auch ins Gesicht schmieren, auslöffeln oder anziehen. Denn es lag als Schönheitsversprechen in Nivea-Dosen, dampfte mit Liebe verrührt aus Maggi-Suppen oder kam weich gespült aus der nagelneuen Waschmaschine – natürlich von AEG. Das Gefühl ging damals noch ohne tiefsinnige Umwege durch den Magen, kurvte einmal im Jahr nach Italien und wohnte ansonsten im bescheidenen Eigenheim. Glück in Zeiten des Wirtschaftswunders war eine Art Wohlstandsduftmarke, die Demonstration eines gewissen Lebensstandards. Es war ein banales, kleines Besitz-Glück, mit dem man es gut sein ließ. Jahrzehnte ging es dann irgendwie gut mit dem Gut-Sein-Lassen.

Komplizierter wurde es, als sich zum Glück verheißenden Lebensstandard die Frage nach der Lebensqualität gesellte. Als viele Deutsche so ziemlich alles gekauft hatten, was der gigantische Warenkorb hergab, kam der Konsumrausch ins Wanken. Immer lauter wurde die Frage, ob der ganze Plunder, den man da angehäuft hatte, und die sture Malocherei, die das Besitz-Glück erforderte, tatsächlich zufriedener oder gar glücklich machen. Eine erste Antwort kam aus Allensbach am Bodensee. 1947 hat Elisabeth Noelle-Neumann dort das erste deutsche Meinungsforschungsinstitut gegründet und repräsentative Umfragen zu Politik und Wirtschaft salonfähig gemacht. Sie war auch die Erste, die es wagte, die Deutschen nach ihrem Glück zu befragen – was im Jahr 1954 von vielen als schamlos empfunden wurde, wie Noelle-Neumann in einem Interview amüsiert feststellte. Damals behaupteten 26 Prozent der Deutschen, glücklich zu sein. Alle zehn Jahre hakte die Meinungsforscherin schamlos nach und wunderte sich, dass trotz rasant wachsendem Wohlstand die Glückskurve der Deutschen mehr oder weniger konstant blieb. Immer mehr Wohlstand hat also die Bevölkerung keineswegs zufriedener oder gar glücklicher gemacht.

Wo bleibt das Lebenszufriedenheitsprodukt?

»Lebensqualität ist mehr als Lebensstandard. Sie ist die Chance zur Mitbestimmung und Selbstverwirklichung, die Bereicherung unseres Lebens über materiellen Konsum hinaus. Es liegt in der Verantwortung der Politik, positive Bedingungen für die Lebensqualität zu schaffen.« Das klingt nach Glück als Staatsaufgabe und erinnert an Thomas Jefferson. Aus einer Rede von Willy Brandt aus dem Jahr 1972 stammen diese Sätze. Wie so viele, meist vor Wahlen dahingesagte Politiker-Einsichten blieben auch sie noble Absichtserklärungen. Dennoch waren das für damalige Verhältnisse gänzlich ungewohnte Bekenntnisse aus dem Mund eines Politikers. Brandt hatte sich offenbar schon zu einer Zeit mit der noch jungen Glücksforschung beschäftigt, als andere Politiker dafür allenfalls ein müdes Lächeln übrig hatten. Inzwischen bestätigen all die interdisziplinär gewonnenen Erkenntnisse aus der Soziologie, Psychologie, Philosophie und Ökonomie, dass politische Mitbestimmung und die Möglichkeit zur Selbstverwirklichung in der Tat entscheidende Kriterien dafür sind, ob Menschen Lebensqualität empfinden.

Der Glücksforscher Ruut Veenhoven ist Fachmann auf diesem Gebiet. 1980 hat der emeritierte Professor der Soziologie die »World Database of Happiness« an der Erasmus-Universtät in Rotterdam gegründet. »Damals begannen wir alles systematisch zu sammeln, was es weltweit an einschlägigen Studien gab. Jahrelang war das noch relativ überschaubar, aber heute erleben wir eine wahre Explosion an Glücksstudien«, sagt Veenhoven und zeigt auf gigantische Aktenordner-Berge in einem Raum, der das Glück aus der »Papier-Zeit« aufbewahrt. Da auch im Computer-Zeitalter ausgedruckt wird, was wissenschaftlichen Kriterien entspricht, platzen die Räume der Glücksdatenbank inzwischen aus allen Nähten.

»Wenn wir Glück sagen, meinen wir eigentlich Lebenszufriedenheit, und die ist messbar«, antwortet der Soziologe auf die Frage nach den Kriterien seiner Arbeit, die in erster Linie aus dem Auswerten von Umfragen besteht. Die müssen nach einem verblüffend schlichten Muster durchgeführt werden, wenn sie Eingang in die Datenbank finden wollen. »Wie zufrieden sind Sie in Ihrem Leben im Allgemeinen?«, ist die simple Frage, die Menschen in 148 Ländern der Welt regelmäßig gestellt wird. Die Antworten sind lediglich Zahlen auf einer Skala von 0 bis 10. Sich wie eine Null zu fühlen, kennt jeder, das ist eine klare Sache, da fühlt man sich kreuzunglücklich. 10 ist auch eine eindeutige Angelegenheit, da will man vor Glück in die Sonne beißen, wie Erich Kästner äußerste Euphorie so schön auf den Punkt brachte. Aber welches lauwarme Glück steckt hinter der 3 oder 4? Wie fühlt sich 6 oder 7 an? Mit anderen Worten: Wie solide ist dieses Zahlenwerk, das immerhin Basis der Ländervergleiche ist, die der Soziologe alle zehn Jahre veröffentlicht? »Diese Methode hat sich in 30 Jahren bewährt«, versichert Veenhoven, »und solange es keine bessere gibt, werden wir an dieser Skala festhalten.«

Im Länder-Ranking sind nach dieser Skala die Dänen nach wie vor Spitzenreiter. Der komplette afrikanische Kontinent, Russland, Bulgarien und die Türkei bilden die Schlusslichter. Deutschland dümpelt seit Langem im Mittelfeld, und auch die Japaner werden über die Jahrzehnte einfach nicht glücklicher. »Natürlich sind Menschen in Ländern mit materiellem Wohlstand glücklicher, weil sie im Gegensatz zu denen in armen Ländern ihre

Grundbedürfnisse befriedigen können«, sagt der Soziologe. »Aber echte Lebenszufriedenheit wie in den skandinavischen Ländern und der Schweiz entsteht erst, wenn ein hohes Maß an politischer Mitbestimmung, geringe soziale Unterschiede, keine große Kluft zwischen Arm und Reich, Chancengleichheit und die Gleichberechtigung zwischen Frauen und Männern hinzukommen.«

Obwohl die Glücksforschung darüber hinaus bewiesen hat, dass zufriedene Menschen eine Volkswirtschaft in jeder Hinsicht bereichern, weil sie seltener krank sind, engagierter arbeiten, sich mehr um andere kümmern und weniger zu Gewalt neigen, schielen alle Industrienationen unverhohlen auf das BIP, das Bruttoinlandsprodukt. Seit 1942 misst es den materiellen Fortschritt eines Landes, seine reine Wirtschaftsleistung ohne Rücksicht auf alle möglichen Verluste. Bis heute ist die Steigerung des Gesamtwertes aller Waren und Dienstleistungen das Maß aller Dinge. Koste es, was es wolle, und sei es den bereits schon sehr lädierten Planeten. Wie grotesk und zynisch dieser Indikator misst, zeigt die Tatsache, dass Katastrophen wie havarierende Atomkraftwerke, auslaufende Bohrinseln oder Überschwemmungen das BIP erhöhen, weil Aufräumarbeiten als Dienstleistungen mitgezählt werden. Schon seit Langem wächst weltweit harsche Kritik an dieser merkwürdigen Milchmädchen-Rechnung, die alle negativen Folgen dieses Wachstums-Wahnsinns ausblendet und den humanen Fortschritt eines Landes schlicht ignoriert. Das BIP fragt nicht danach, wie der durch Wachstum erreichte materielle Wohlstand verteilt wird, wer also letztlich von ihm profitiert. Es misst nicht den humanen Wohlstand einer Gesellschaft, in der soziale Gerechtigkeit herrscht. Es lässt den immensen Mehrwert außen vor, den die vielen ehrenamtlich Engagierten schaffen, berücksichtigt keine Fortschritte im Bildungs- und Gesundheitswesen, in der Kinder- und Seniorenbetreuung. Kurzum: Das Bruttoinlandsprodukt blendet alles aus, was ein Lebenszufriedenheitsprodukt steigern würde. So könnte man all die Bemühungen um alternative Indizes überschreiben, die namhafte Volkswirtschaftler und Ökonomen längst entwickelt haben. Sie messen den Wohlstand einer Gesellschaft an der Wohlfahrt und am Wohlbefinden der Bevölkerung, gewichten den sozialen und humanen Fortschritt eines Landes weit mehr als den materiellen und berücksichtigen vor allem den hohen Preis der Ressourcenausbeutung und Umweltzerstörung. Sei es der »Gini-Koeffizient«, der die Verteilung des Reichtums in einem Land ins Zentrum stellt, der »Happy Planet Index«, für den die Lebenszufriedenheit und der ökologische Fußabdruck die Hauptrolle spielen, oder der von der UNO entwickelte »Human Development Index«, der neben dem BIP die durchschnittliche Lebenserwartung und das Bildungssystem einer Nation zum Maßstab ihres menschlichen Fortschritts macht.

Alternativen zum BIP, auf das alle Industrienationen gepolt sind, gäbe es also genug. Aber es scheint der politische Wille zu fehlen, sie so miteinander zu kombinieren, damit daraus ein Lebenszufriedenheitsprodukt wird. Die Regierenden in vielen dieser Länder nehmen diese Indizes zwar zur Kenntnis, manche begrüßen sie sogar ausdrücklich und betonen die Notwendigkeit, dass Wohlstand künftig anders definiert werden muss. Dennoch hat das BIP nach wie vor einen geradezu sakrosankten Status. In Berlin tagt inzwischen immerhin die Enquete-Kommission »Wachstum, Wohlstand, Lebensqualität«. Sie soll mögliche Auswege aus der Sackgasse BIP aufzeigen. Seit Anfang 2011 grübelt diese Runde aus Abgeordneten und Experten nun schon über neue Messlatten nach, die auch die negativen Folgen des Wachstums, wie Umweltschäden und Ressourcenverbrauch, berücksichtigen sollen. Konkrete Ergebnisse werden aber erst im Jahr 2013 erwartet. Eilig hat man es offenbar nicht gerade, einen als falsch erkannten, allzu simplen Wohlstandsgradmesser zu modifizieren. Die Zukunft, sie kann auch in diesem Fall warten. Wenn es nach Philipp Rösler geht, führt sie sogar geradewegs wieder in die Vergangenheit. Er plädierte auf dem FDP-Dreikönigstreffen 2012 für ein völlig ungebremstes Wirtschaftswachstum und stieß damit all jene Politiker vom linken bis zum rechten Spektrum vor den Kopf, die schon längst weiter sind und eine kritische Wachstumsdebatte für unumgänglich halten. Die

Debatte wohlgemerkt, das unverbindliche Nachdenken über Alternativen zum Wachstum auf Teufel komm raus. Wenn mitten in einem solchen Prozess ausgerechnet ein Regierungspolitiker die Rolle rückwärts macht und schon die bloße Debatte für überflüssig hält, erscheint die Enquete-Kommission als pure Alibi-Veranstaltung. Zum absurden Theater wird sie schließlich angesichts des immer noch ungebrochenen Fortschrittsoptimismus, der dann ausbricht, wenn der jeweilige Wirtschaftsminister neue Wachstumsprognosen verkündet.

Die Droge Wachstum, sie wirkt noch immer und vernebelt beharrlich den Blick auf *Die Grenzen des Wachstums*, die der Club of Rome schon im Jahr 1972 klar aufgezeigt hatte. Sein Bericht zur Lage der Umwelt enthielt düstere Zukunftsprognosen, die damals von Aufwärtsrhetorikern als akademische Spinnerei abgetan wurden. Wenn das *business as usual* munter so weiter geht, droht spätestens im Jahr 2100 der Kollaps des Ökosystems, hatten die Forscher damals gewarnt. Es ging so weiter, noch munterer, Jahrzehnte lang. Inzwischen wird in immer gigantischeren Meerestiefen nach Öl gebohrt, während die Vögel von der letzten Katastrophe noch mit Öl verschmiert und einstmals weiße Strände schwarz sind wie die Nacht. Das rapide Verschwinden des tropischen Regenwaldes scheint nur Länder wie Brasilien zu beunruhigen und das Kyoto-Protokoll lässt ausgerechnet die Nation gänzlich kalt, die zu den größten Umweltverschmutzern auf diesem Globus zählt. Die USA fanden es nicht nötig, dem Abkommen beizutreten, das verbindliche Zielwerte zur Reduzierung des Klimagases CO_2 in Industrieländern festschreibt. Und Kanada verkündete Ende 2011 kurzerhand den Ausstieg aus dem Abkommen.

Die Grenzen des Wachstums, sie sind nicht nur erreicht, sie sind überschritten. Was die Menschheit betreibt, ist Naturfriedensbruch im großen Stil. Ganz zu schweigen von der beispiellosen Verantwortungslosigkeit gegenüber den nachfolgenden Generationen. Man muss kein Wissenschaftler sein, um zu erkennen, dass unendliches Wachstum auf einem endlichen Planeten mit begrenzten Rohstoffen schlichtweg unmöglich ist. Dafür reicht gesunder Menschenverstand. Der fragt sich mitunter, wie es um das Denken von Politikern bestellt sein muss, denen seit Ausbruch der Banken-, Finanz- und Schuldenkrise nichts anderes einfällt, als die Allzweckwaffe Wirtschaftswachstum ins Feld zu führen. Alle politischen Maßnahmen zur Eindämmung der Krisen zielten in diese Richtung. Die absurde Abwrackprämie war in diesem Zusammenhang bislang das schwerste Geschütz, mit dem auf diesen Planeten geschossen wurde. Warum derjenige vom Staat belohnt wurde, der sein noch funktionstüchtiges Auto auf den Müll warf, hat sich vielen Bürgern nicht erschlossen. Sie lassen sich auch nicht weismachen, dass Schulden mit noch mehr Schulden »beglichen« werden können. Diese salonfähig gewordene Art des Wirtschaftens ist gleichzeitig eine Ohrfeige für alle, die gelernt haben, dass man Schulden brav abstottert und sie nicht mit neuen Krediten bezahlt. Viele Bürger fragen zu Recht, was das für ein Wachstum sein soll, das auf Pump beruht und bisweilen auf purer Zockerei, wie die Bankenkrise gezeigt hat. Die machte mit einem Schlag eine weitaus gravierendere Krise sichtbar, indem sie grundlegende Zweifel am System »an sich« geweckt hat. Wenn dieses System es zulässt, dass Wachstum zum Spekulationsobjekt verkommen kann, hinter dem keine konkreten Gegenwerte mehr stehen, und diese Mogelpackung dann auch noch die halbe Welt in den Abgrund reißen kann, dann ist gerade dieses System das Problem. Es steckt in einer Legitimationskrise, weil die Regierenden aller Industrienationen dem willkürlichen Treiben dieses wild gewordenen Kapitalismus seit Jahren einigermaßen hilflos zusehen und sich wie am Nasenring von ihm vorführen lassen. Das System steckt aber auch in einer Vertrauenskrise, weil seine Unberechenbarkeit den Menschen keine Planungssicherheit mehr gibt, keinen Halt, keinen Verlass. Zum Glücksgaranten taugt dieser Kapitalismus schon lange nicht mehr. Mit seinen unmoralischen Auswüchsen und seinem unersättlichen Hunger nach Rohstoffen ist er an seine ethischen und ökologischen Grenzen gestoßen. In dieser Form kann er nur ein Auslaufmodell sein.

Winfried Kretschmann, der Ministerpräsident von Baden-Württemberg, hat kurz nach seinem Amtsantritt das für Regierungspolitiker Unsagbare ausgesprochen. Es könnten künftig durchaus auch weniger Autos gebaut werden, meinte er. Da zuckten wahrscheinlich nicht nur die Autoindustriebosse zusammen. Dabei meinte Kretschmann lediglich weniger Wachstum. Seit Ausbruch der Krise melden sich namhafte Wirtschaftsexperten zu Wort, denen weniger immer noch zu viel ist. *Wohlstand ohne Wachstum* heißt ein Buch des britischen Ökonomen und Konsumkritikers Tim Jackson, das auch in Deutschland für Schlagzeilen sorgte. In einem Essay für die *Süddeutsche Zeitung* vom 4. Mai 2011 bringt er das Wachstumsdilemma auf den Punkt: »Das Streben nach Gewinn führt zur beständigen Suche nach neueren, besseren, billigeren Produkten und Dienstleistungen. Gleichzeitig hält uns die unaufhörliche Suche nach dem Neuen … im stahlharten Gehäuse des Konsumismus gefangen. Der Überfluss selbst führt uns in die Irre.«

Diese Erkenntnis ist nicht neu, bekommt aber in der gegenwärtigen Wachstumsdebatte einen neuen Stellenwert. Bereits in den 1970er-Jahren hat die Suche nach Auswegen aus dem Überfluss zaghaft begonnen. Damals rückte die Frage, wie Lebensqualität wachsen kann und nicht nur der Profit von Unternehmen, wie der Wohlstand einer Gesellschaft durch Wohlfahrt gesteigert werden kann, ins öffentliche Bewusstsein. Diese latente Sehnsucht nach Mehr und gleichzeitig nach Weniger, nach Lebensmaximierung statt nach Gewinnmaximierung, nach einem Glück jenseits des Materiellen gibt es also nicht erst, seit sich das kapitalistische Prinzip mit seinem magischen Wachstumszwang selbst infrage stellt. Die gegenwärtige Krise hat die Sehnsucht nach Glück und Lebenssinn nicht ausgelöst, sie hat sie konturiert und konkretisiert. Was im Übrigen für fast alle Umbruchzeiten in der Geschichte typisch ist. Man denke nur an die Zeit der Aufklärung, als mit dem Verfall des feudalen Herrschaftssystems das bis dahin für das Volk abstrakte Wort Freiheit zum Schlüsselbegriff für Glück wurde, dem von da an jeder seinen individuellen Sinn geben konnte.

Die gegenwärtige Krise macht nicht nur klarer denn je sichtbar, dass uns der Überfluss in die Irre führt. Sie offenbart auch einen Überdruss am Überfluss. Ein konkretes Beispiel ist die Gründung sogenannter Umsonstläden. Was sich da in vielen Großstädten tut, ist praktizierte Kapitalismus-Kritik im Kleinen. Diese Wiederverwertungsläden laden jeden ein, sich an all den noch brauchbaren Dingen zu bedienen, die früher achtlos auf dem Müll landeten oder in Speichern und Kellern vergammelten. Die ehemaligen Besitzer wollen kein Geld für ihre Waren, ihnen genügt offenbar das gute Gefühl, etwas Sinnvolles für andere und für die Umwelt zu tun. Dass das »stahlharte Gehäuse des Konsumismus« zu bröckeln beginnt, zeigen auch die unzähligen Tauschbörsen, auf denen vom T-Shirt bis zur Wohnung alles Mögliche getauscht wird. Weil solche Gratis-Geschäfte nebenbei auch noch Spaß machen und zu neuen Kontakten mit Gleichgesinnten führen, haben sie eine nicht zu unterschätzende soziale Komponente.

Das offenbar immer beliebter werdende Car-Sharing ist wohl eines der besten Beispiele dafür, wie sich das Bewusstsein des Verbrauchers und damit sein Konsumverhalten zu verändern beginnt. Seit man Autos auf Zeit besitzen kann, wird des Deutschen liebstes Kind immer öfter zur Dauer-Adoption freigegeben, hat seither viele Väter und Mütter, belastet deshalb deren Etat und den der Umwelt weit weniger. Wenn sich die Idee des Besitzes auf Zeit massenhaft durchsetzt, müssten in Zukunft tatsächlich weniger Autos gebaut werden. Autos, vor allem die dicken Schlitten, verlieren ohnehin immer mehr ihren Stellenwert als Statussymbole, beobachtet der Zukunftsforscher Matthias Horx schon seit Längerem. »Die klassische Konsumgesellschaft hat sich ausgetobt«, ist sein Fazit. In einem Interview für eine SWR-Dokumentation zum Thema Glück lernten wir noch erstaunlichere Dinge über die Zukunft dieser Gesellschaft. Es gäbe viele Indizien dafür, dass wir auf dem Weg in eine Gesellschaft der Sinn-Suchenden sind, sagte Horx damals, weshalb das Anhäufen immer neuer Waren als Glücksfaktor ausgedient habe. Ebenso der in gewissen Kreisen gepflegte hemmungslose Hedonismus, der die einstigen Anbeter des puren Genusses nur noch anöde. »Unsere Gesellschaft hat ein Zuviel-Problem. Wir essen zu viel, wir trinken zu viel, wir kaufen zu viel, wir sind in jeder Hinsicht übersättigt. Und noch immer beherrschen wir nicht die grundlegenden Dinge wie Partnerschaft, Liebe, das Altern. Da sind wir immer noch hilflos, wachen mit sechzig Jahren auf und sind immer noch unglücklich.«

Das Sinn-Defizit inmitten eines Zuviel-Problems hat bereits eine Generation erkannt, die Ende der 1960er-Jahre auf die Barrikaden ging und alles an den Pranger stellte, was ihren Eltern heilig war. Ihre radikale Gesellschafts- und Konsumkritik begnügte sich nicht mit der Forderung nach einem bloßen Wertewandel – sie strebte das Äußerste an, die Umwertung aller Werte. Dieser Generation ist es zu verdanken, dass der jahrtausendealte Glücksdiskurs als Sinnsuche neu belebt wurde. Ihren Höhepunkt erreichte sie im nachfolgenden Jahrzehnt, in dem die Beschäftigung mit sich selbst auf die Spitze getrieben wurde. Was einen Psycho-Boom und unendliche Diskussionen, vornehmlich im Milieu studentischer Wohngemeinschaften, auslöste. Nächtelang wühlte man damals in sich herum und redete so lange im Kreis, bis auch noch die kleinste Delle aus der Kindheit »ausdiskutiert« war. Nur so war an ein künftiges Lebensglück überhaupt zu denken. Die Suche nach dem Sinn des Lebens schien darin zu bestehen, all diese biographischen Stolpersteine so lange hin und her zu wälzen, bis sie dem Glück nicht mehr im Weg standen. Manche wälzen sie womöglich noch immer, diese uralten Steinbrocken, stellen sich bis heute die ebenso uralten Fragen, über denen sie ergraut sind, scheitern am längst verstorbenen jähzornigen Vater, wachsen noch als Opa an der Liebe der Mutter, die auch schon tot ist – und finden ihn trotzdem nicht, den vertrackten Sinn des Lebens. Sich Sisyphos irgendwie heiter zu denken, gelingt diesen Selbstzweiflern auch nicht. Es müssen die sein, die mit 60 Jahren morgens aufwachen und immer noch unglücklich sind.

Die Glücks-Grübelei im stillen Kämmerchen war gestern. Heute wird die Glücksdebatte als Sinn-Debatte öffentlich geführt, und zwar von einer breiten Mittelschicht, so Matthias Horx. »Die Frage nach dem Sinn des Lebens hat in unseren Tagen eine Dimension erreicht, die historisch neu ist.« Nie zuvor habe es einen Glücksanspruch als Massenphänomen gegeben, noch nie eine so intensive Beteiligung des gemeinen Bürgers an einem Diskurs, den bisher ausschließlich eine feudale Oberschicht und eine intellektuelle Elite geführt haben. Die Sehnsucht nach Sinn jenseits des Materiellen, nach Werten wie Selbstverwirklichung und Identität, nach Erleben statt Haben, sie scheint noch nie so groß gewesen zu sein wie heute. Die Gründe sieht Horx auch in den gestiegenen kognitiven Fähigkeiten in breiten Kreisen der Bevölkerung und in der demographischen Entwicklung. »Wir werden immer gebildeter, weshalb die geistigen Reichtümer erschlossen werden wollen. So machen sich heute auch Herr Müller und Frau Maier Gedanken darüber, was ihr Lebenssinn sein könnte. Hinzu kommt, dass wir immer älter werden und uns fragen, was wir mit der langen Lebensspanne anfangen sollen, denn ein längeres Leben ist ja noch kein Wert an sich.«

Seit Herrn Müller und Frau Maier aufgrund ihrer höheren Bildung die trivialen Formen des Waren-Glücks nicht mehr genügen und sie auch dem vermeintlich selig machenden Kitsch-Glück von der romantischen Liebe mit all ihren Erlösungsfantasien durch den Traumpartner skeptisch gegenüberstehen, scheint der Glücksbegriff allmählich in ein neues, philosophisches Licht gerückt zu sein. Die Glücks-Frage ist zu einer Sinn-Frage geworden, zur Frage nach einem gelingenden Leben. Glück bedeutet heute für viele ein Zugewinn an geistiger Kompetenz, die Erweiterung persönlicher, auch emotionaler Fähigkeiten, das Bewältigen selbst gesetzter Herausforderungen. »Diese Erkenntnisse sind heute in der Tat auch neu, und sie werden viele Weltbilder verändern.«

Zukunftsvisionen

Das Kelkheimer Zukunftsinstitut hat herausgefunden, dass Gefühle in diesem Veränderungsprozess eine immer wichtigere Rolle spielen und eine enorme Aufwertung erleben. Mit rationalem Denken allein kommt diese Gesellschaft offenbar auf keinen grünen Zweig mehr. Intuition, Empathiefähigkeit oder emotionale Intelligenz, also traditionell weibliche Stärken, werden künftig auch als Erkenntnis-Instrumente politisches und ökonomisches Handeln leiten müssen, wenn Politiker nicht über die Köpfe des Volkes hinweg regieren und die Unternehmer am Bedürfniswandel der Konsumenten vorbei produzieren wollen. Eine Orientierung, wohin die Reise in Politik, Wirtschaft, Wissenschaft, Technik und Kultur in Zukunft geht, bieten elf »Megatrends«, die das Institut festgemacht hat. Wobei diese Trends nicht nur Zukunftsprognosen sind, sondern schon seit Längerem existierende Veränderungen spiegeln, die diese Gesellschaft auch noch für Jahrzehnte prägen werden. Diese »Tiefenströmungen des Wandels« kann jeder auf der Homepage des Instituts nachlesen. Auch jene Politiker und Industriebosse, die immer noch vehement gegen eine Frauenquote in Führungspositionen wettern und nicht begriffen haben, dass die »heilsame Verweiblichung politischer und wirtschaftlicher Strukturen« nicht mehr aufzuhalten ist. Hätte es den »Megatrend Frauen« weltweit vor Ausbruch der Finanzkrise gegeben, wäre sie womöglich anders verlaufen, meint Matthias Horx, der diese Krise in einem Zeitungsinterview auch als »Testosteron-Krise« bezeichnet.

Neben dem »Megatrend Frauen«, der aus der Sicht der Kelkheimer Zukunftsforscher besonders ausgeprägt ist, gibt es den der »Silver Society«. Was nur gänzlich Unsensible noch immer mit Vergreisung der Gesellschaft übersetzen und damit ein Schreckensbild vom Aussterben der Deutschen heraufbeschwören, das erstens nicht haltbar ist und zweitens die Frage provoziert, ob es wirklich so tragisch wäre, wenn sich eine Bevölkerung dezimiert. Muss in dieser Gesellschaft von der Zahl der produzierten Autos bis zur Einwohnerzahl alles immer nur in eine Richtung gehen, nämlich wachsen? Macht der Wachstumsbegriff inzwischen nicht einmal mehr Halt vor den Schlafzimmern der Deutschen, die durch finanzielle Anreize die Reize der Zeugung entdecken sollen? Wenn es in dieser Gesellschaft immer weniger Junge und immer mehr Alte gibt, muss ein neuer Gesellschaftsentwurf her, der diese Situation ins Positive und Produktive verwandeln kann, wenn man ihn denn ernsthaft will. Aber wo bleiben sie, die konkreten Szenarien, wie das enorme Potenzial dieser Grauhaarigen genutzt werden könnte? Wann werden endlich politische Voraussetzungen geschaffen, die dem Taten- und Denkdrang dieser Alten gerecht werden? Dass viele der Betagten immer agiler werden, später altern und ihre verordneten, traditionellen Senioren-Rollen schlicht langweilig finden, hat sich längst herumgesprochen. Die Sehnsucht nach Glück, das Bedürfnis, der noch verbleibenden Lebensstrecke eine sinnvolle Richtung zu geben, ist gerade in einer »Silver-Society« besonders groß. Wenn es stimmt, dass das Bildungsniveau auch unter den Senioren stetig steigt, leisten wir uns den unglaublichen Luxus, auf all diese grauhaarigen Talente und ihre Lebensklugheit zu verzichten. Zumal ein anderer »Megatrend«, nämlich der der Bildung, auch diese Altersgruppe erfasst hat, und sie in den nächsten Jahrzehnten noch klüger und damit noch wertvoller für die moderne Wissensgesellschaft machen dürfte. Wann hören Politiker auf, die alternde Gesellschaft eine »Herausforderung« zu nennen? Ein Wort, das im Übrigen immer dann herhalten muss, wenn Politiker offenbar keine Idee haben, wie mit einem Problem umzugehen ist. Wüsste man eine Lösung, könnte man sich die »Herausforderung« sparen und gleich Tacheles reden.

Die Erkenntnisse der Zukunftsforschung muss eine Regierung doch brennend interessieren, sollte man meinen. Zumal wenn man ihr unterstellt, dass sie aus der gegenwärtigen Krise für die Bewältigung künftiger Krisen lernen will. Das setzt allerdings voraus, dass sie generell etwas dazulernen will, offen ist für neue Einsichten, die so manche vermeintliche Gewissheit ins Wanken bringen könnten. Es ist natürlich bequemer, auf den alten Standpunkten auszuruhen, als sie möglicherweise zu revidieren und damit auch noch den letzten Stammwähler zu vergraulen. Wäre eine Regierung aufrichtig daran interessiert zu erfahren, in welche Richtung sich diese

so grundlegend ist, dass er nichts mehr zu kaufen gedenkt, was ihm nicht sinnvoll erscheint. Für Eike Wenzel ist das »eine neue Beziehungsqualität zwischen dem Ich und dem Produkt«.

Wenn das wirklich so ist, könnte diese neue Beziehungsqualität dazu führen, dass es künftig immer weniger »sinnlose« Produkte geben wird. Dass die bevorzugt werden, die man wieder reparieren kann. Computer nur dann gekauft werden, wenn zu ihnen der alte Drucker passt. Neue Mobiltelefone favorisiert werden, die das noch brauchbare Ladegerät des Vorgängers nicht verweigern. Wenn die moralische Komponente des Konsums weiter Schule macht, könnten künftig all die schräg angesehen werden, die ständig mit dem allerneuesten iPhone oder iPad protzen, und nicht die, die es wagen, in aller Öffentlichkeit ihr altertümliches Handy zu zücken, weil sie einfach nur telefonieren wollen. Wenn diese neue Beziehungsqualität dazu führt, dass das Verhältnis von Ich und Produkt nicht mehr durch Statusgedanken gestört wird, sondern Waren als das gesehen werden, was sie sind, nämlich sinnvolle Gebrauchsgegenstände, – wenn diese Beziehungsqualität über die Warenquantität dominieren sollte, wird die Debatte zwischen Anhängern eines ungebremsten Wachstums und denen, die für ein verantwortungsvolles Wachstum eintreten, zwangsläufig beendet sein.

Die Zeichen, dass den Wachstumsfetischisten die Argumente ausgehen, stehen nicht schlecht, weil der Konsument das letzte Wort hat. Die Macht des Bürgers als Verbraucher war noch nie so groß. Wenn jemand dem kapitalistischen Prinzip des Zwangs zu immer neuen Produkten Paroli bieten kann, dann der Konsument. Er kann den Kapitalismus auf seinem ureigensten Feld, der Güterproduktion, in die Schranken weisen und zur Mäßigung zwingen, indem er ihm all seine umweltschädigenden, überflüssigen Wegwerfprodukte schlichtweg nicht mehr abkauft, sie zu Ladenhütern macht. Der Verbraucher hat es in der Hand, ob künftig Ethik-Konsum und Neo-Ökologie dominieren. Sein Kaufverhalten wird über die Schonung von Ressourcen und Klima entscheiden. Wenn der Verbraucher seine Macht konsequent einsetzt, könnte ausgerechnet ein Gefühl wie die Sehnsucht nach Sinn vom subjektiven Empfinden zu einer objektiven Kraft werden, die diese Gesellschaft nachhaltig verändert. Hin zu mehr Verantwortung der Natur gegenüber, zu mehr Solidarität mit denen, auf deren Rücken bis heute fette Profite gemacht werden, hin zu generell mehr Empathie und Aufmerksamkeit im Umgang miteinander. Das wäre die Annäherung an eine Gesellschaftsutopie für das 21. Jahrhundert, für das die jetzt Lebenden die Weichen stellen. Wenn wir das nicht tun, überlassen wir wieder einmal dem Zufall, wohin die Reise geht. Wo das hinführt, wissen wir inzwischen. Um das zu verhindern, müssten wir die Richtung festlegen. Ob wir das schaffen? »Es kommt darauf an, das Hoffen zu lernen«, sagte Ernst Bloch.

Unterm Beton liegt der Strand

Mut zur Romantik

Plötzlich war es wieder da. Unverhofft und ungestüm. Weiß der Teufel, wo es sich all die Jahre herumgetrieben hatte. Jetzt war es jedenfalls wieder da, dieses Ausnahmegefühl aus einer anderen Zeit und einer anderen Welt. Aus der fernsten Ferne hatte es sich hierher verirrt und schlich sich bedenklich nah heran. Sondierte die aufgeladene Stimmung, für die es immer schon eine Schwäche hatte, und entschloss sich dann, eine gute halbe Stunde zu bleiben. Solange dauerte der Rest eines Konzertes, das der legendäre Carlos Santana auf seine alten Tage gab. Die erste Hälfte war geradezu gesittet über die Bühne gegangen. Brav saßen die betagten Fans auf ihren Stühlen, wippten bei manchen Stücken allenfalls vorsichtig mit dem Oberkörper, um dem Nachbarn bloß nicht zu nahezutreten. Vielleicht machten einfach nur die Stühle so steif, vielleicht war man es auch selber geworden. Steif und spießig. Komisch, dass es einen trotzdem magisch hierher gezogen hatte. Dass das Plakat mit der Ankündigung dieses Konzertes schlagartig eine Zeit heraufbeschwor, die unwiederbringlich vorbei war. Die, wie alles Verlorene, an dem man einmal hing, von der Erinnerung heillos verklärt und verkitscht wird. Überhaupt sind wir ja im Verschönern unserer Vergangenheit im Lauf der Jahre richtige Routiniers geworden. Jede gescheiterte Beziehung hatte im Nachhinein ihren Sinn, auch wenn sie noch so sinnlos war. In jeder jugendlichen Rebellion steckte, laut Gedächtnis, das Zeug zur Revolution, mit der man damals um ein Haar doch glatt die Welt verändert hätte. Damals, vor drei Jahrhunderten, als Carlos Santana noch rabenschwarze Haare hatte. Über ordentliche Stuhlreihen in einem Rock-Konzert hätte man sich in jener Zeit im Übrigen totgelacht. Heute lachte niemand. Irgendwie war es normal, dass alle saßen. Man saß schließlich schon das halbe Leben, hatte sich darin eingerichtet und bequem gemacht. Warum also sollte man jetzt plötzlich stehen?

Dann stimmte der inzwischen alte Knacker Carlos wie ein junger Gott die *Samba Pa Ti* an. Mit grauen Fäden im Haar stand er da und spielte diese Hymne aus den Siebzigerjahren, als wäre nichts gewesen in all der langen Zeit. Keine Gemeinheiten und Ernüchterungen, keine Zugeständnisse und Kompromisse, kein Traumsterben auf der ganzen Linie, kein Älterwerden und Müdewerden. Blauäugig wie damals setzte er ganz auf Gefühl und gaukelte dem dankbaren Publikum vor, dass die Welt noch immer eine einzige Umarmung ist. Wohlige Euphorie griff um sich, eine Art spätes Glück darüber, dass man noch so berührt werden kann. Auch wenn einige wohl nur die eigene Rührung gerührt hat. Egal, was es war, Hauptsache, man spürte sich endlich einmal wieder »öffentlich« nach diesem exzessiven Individualismus in all den Jahren der Beschäftigung mit sich selbst, nach dem Verkriechen ins Private. War auf eine Gruppe von Gleichgesinnten gestoßen und konnte sich dem Trugschluss hingeben, dass alle in diesem Moment das Gleiche empfanden: Die ausgestorben geglaubte Einheit von Geist und Körper, den seltsamen Flirt zwischen Kopf und Bauch, der Denken zu einer sinnlichen Erfahrung macht und Fühlen zu einem intellektuellen Genuss. Weil die steifen Stühle inzwischen weggeräumt waren, wurde auch das schöne Wort Tuchfühlung wieder entdeckt. Beim Tanzen fanden abgewetzte Lederjacken zu schicken Seidenschals, näherten sich rustikale Norweger-Pullover ohne die ideologischen Vorbehalte von früher feinen Kaschmir-Pendants und fanden die gar nicht mehr so »beschissen weich« wie ihre damaligen Träger.

In dieser irritierend vertrauten Stimmung war es dann plötzlich da, eben jenes Ausnahmegefühl, das sich vor Jahrzehnten klammheimlich aus dem Staub gemacht hatte. Am Ende des Studiums muss es gewesen sein, als sich der sogenannte Ernst ins Leben schlich und mit ihm das allmähliche Einrichten in mittlere Temperaturen. Die sind Gift für ein Gefühl, das die Extreme liebt, den Überfluss, das Überbordende, die Übertreibung in jede

Richtung. Es musste ihm einfach langweilig geworden sein in dieser Zeit, als sich das Übliche, das Alltägliche, das Vorhersehbare breitmachte in einer Existenz, die vom glatten Gegenteil träumte. Die das Unmögliche anstrebte – eine absolut solidarische Gesellschaft zum Beispiel, in der es gerecht zugeht. Die jedem die gleichen Chancen gewährt, endlich auch den Frauen. In der jeder den Sinn seines Lebens entdeckt, weil diese Gesellschaft das Potenzial aller mobilisiert und keine Begabung brachliegen lässt. In der Politiker ausschließlich das Wohl des Volkes und nicht das der Wirtschaft im Kopf haben – dieser Traum vom Unmöglichen war natürlich auch der eines persönlichen Glücks, das sich mit nichts Geringerem abspeisen lassen wollte als mit den höchsten der Gefühle. Kurzum, diese Existenz wollte Ernst machen mit dem Leben als einer konkreten Utopie.

Es kam alles anders. Die Utopie wurde umso abstrakter, je banaler das Leben wurde. Unversehens drehte sich fast alles nur noch um Job und Einkommen, um Fortkommen und Ankommen in einem einigermaßen sicheren Dasein. Das bis dahin ungesicherte, aber betörend ungezügelte Leben kam wie ein Hund an die Leine und gehorchte schon bald aufs Wort. Es tanzte nicht mehr ständig aus der Reihe wie früher, und die notorischen Befehlsverweigerungen wurden auch immer seltener. Durch die erste Lebensversicherung wurde es endgültig gezähmt, in einem Vertrag versachlicht und in bare Münze umgewandelt. 50.000 D-Mark sollte es in 30 Jahren wert sein. Vor einer solchen Summe kapituliert jede Utopie, da kann sie nicht mithalten. Darüber hinaus wurde dieses Leben gegen alles und jedes versichert und damit alles Unvorhergesehene schon einmal eingeplant, vorweg gemanagt, obwohl es wahrscheinlich nie etwas zu managen gegeben hätte. Die Versicherung gegen Glasbruch war der Gipfel des Absicherungswahns, weil sie absurd war in einer Wohnung im fünften Stock, wo sich kein Fußball je hin verirrt und jeder Einbrecher beim Einsteigen übers Dach das Genick riskiert hätte.

Mit diesem schon komischen Ernst eines rundum versicherten und gebändigten Lebens konnte das Gefühl, das da jetzt plötzlich aus der Versenkung kam, irgendwann so viel anfangen wie ein Spießbürger mit einem Anarchisten. Kein Wunder, dass es sich damals verabschiedet hat. Aber offenbar doch nicht konsequent genug. Merkwürdigerweise tauchte es immer dann für Momente aus der Versenkung, wenn die Erinnerung an eine Zeit wach wurde, in der man sich noch »ganz« erlebte, nicht gespalten war in eine öffentliche und in eine private Person, in der man eine Art Übereinstimmung von Denken, Fühlen und Handeln spürte. Als Stachel machte sich das Ausnahmegefühl manchmal auch mitten in einer Redaktionskonferenz bemerkbar. Da wollte man den immer schon unerträglichen, wichtigtuerischen Schaumschlägern gerade über den Mund fahren und biss sich dann doch auf die Zunge. Weil man ahnen konnte, dass sie einem irgendwann als Chef vor der Nase sitzen würden. Es waren nämlich meistens die »Bonsai-Machos«, die immer wieder ganz groß herauskamen.

Diese und all die anderen, unzähligen Defizite des Alltags müssen die alte Sehnsucht nach der konkreten Utopie über die Jahre gerettet haben. Jahre, in denen sich das Leben meilenweit vom Ideal des »richtigen Lebens« entfernt hatte, obwohl man schon damals ahnte, dass es kein richtiges Leben im falschen geben kann. Heute wäre man ja schon froh, wenigstens halbwegs richtig zu leben. Das ist zwar kein hehres Ziel und überhaupt nicht richtig, aber immerhin besser als das gänzlich falsche Leben. Solange die Sehnsucht nach dem Anderen immer mal wieder auftaucht, kann ja noch nicht alles zu spät sein, tröstet man sich. Man sollte die Kraft dieses Seelenmotors nach vorne richten, aktiv für all das eintreten, was einem heute unter den Nägeln brennt. Vom Unmöglichen retten, was zu retten ist, und sich als Zugabe zwischendurch die Sehnsucht nach der verlorenen Zeit gönnen. Denn es schadet gar nichts, zur Gefühlsauffrischung die kleinen Fluchten in die Vergangenheit anzutreten. In jene Zeit, in der man so verdammt nah dran war am Leben als einer konkreten Utopie. Damals, vor drei Jahrhunderten, als Carlos Santana noch rabenschwarze Haare hatte und blauäugig die *Samba Pa Ti* spielte.

Wir sind alle Manager – und rationale Romantiker

Ohne Rationalität geht es nicht, ohne sie kann keine Familie, keine Firma, keine Politik, kein gesellschaftliches Zusammenleben und letztlich keine Demokratie funktionieren. Vernunft ist eine große Fähigkeit, vernünftig zu handeln die schiere Notwendigkeit. Doch als Journalisten treffen wir zunehmend auf Menschen, die das Gefühl haben, dass die Rationalität über sich und über sie hinausgewachsen ist, sich überall breitgemacht hat, in Hirn und Herz, dass sie alles dominiert, leitet, beherrscht.

Dieses Gefühl trügt nicht. »Wir managen das« – so lautet heute der ungekürte Satz des deutschen Alltags. Die Lebensformel, nicht nur von Business-Bossen und Börsenparkett-Tänzern, die wahrscheinlich das Copyright darauf haben, sondern längst auch von Außendienstmitarbeitern, Lehrern, Sekretärinnen, Handwerksmeistern, Hausfrauen, Lieschen Müller und Otto Normalverbraucher. Wir managen alles, immer und überall, mit Kalkül und kühlem Kopf: den Beruf, die Karriere, die Politik, den Haushalt, auch den Gefühlshaushalt, das Hobby, die Freizeit, den Urlaub, das Liebesleben – wenn's familienplanerisch sein muss, auch die Kalkulation des Eisprungs.

Von Zeitplänen und Rationalismus beherrscht, dirigieren und regieren sich nicht nur Vorstandschefs und Politiker durchs Leben. Mit dem perfektionierten Management setzt sich heute auch jede Familienorganisation gegen tägliche Gefahren wie Überraschungen, Spontaneität, also Chaos durch. Das Kinderprogramm, der Abend mit Freunden und Kollegen oder der Einkauf im Supermarkt werden fast genauso strategisch vorbereitet wie die Karriere, das politische Spitzengespräch oder das Verhandlungsgespräch des Chief Executive Managers: zielbewusst, kosten-nutzenorientiert, funktionalisiert. Das Leben ist durchgeplant und analysiert, durchgestylt und durch und durch rationalisiert.

Wir sind inzwischen alle kleine Macher. Und große Rationalisten. Wir werden es sicherlich auch bleiben – als ein Teil unseres Menschseins. Als ganz wesentlicher Teil. Emotionen, jedenfalls allzu große Emotionen scheinen in diesem durchdachten System jedoch ein Risiko zu sein. Das Lebensmanagement könnte arg durcheinandergeraten und die Vernunft darunter leiden. Diese Gesellschaft ist auf- und abgeklärt. Keine Frage: Die Aufklärung ist und bleibt die entscheidende Errungenschaft der Neuzeit, der Motor der Moderne. Ohne sie wären politische Vernunft, die Freiheit des Denkens, Toleranz und letztlich auch die demokratische Gesellschaft nicht denkbar. Sie ist mit ihrem bewussten Rationalismus die unverzichtbare Grundlage unseres politischen und sozialen Lebens. Und muss es bleiben.

Dennoch – oder gerade deshalb – wäre es im wahrsten Sinne des Wortes unvernünftig, weiterhin eine Entwicklung auszublenden oder zu negieren, die längst in vollem

Gange ist und für den Zustand und die Zukunft dieser Gesellschaft elementare Bedeutung hat: Immer mehr Menschen suchen und sehnen sich nach dem Anderen und wollen es erleben. Nicht nur als kleine Flucht zwischendurch und nicht nur heimlich im Privaten, sondern offen und öffentlich. Weil es ein Teil von ihnen ist wie das Vernünftige und Funktionale. Weil sie es satthaben, mit permanenten Phantomschmerzen zu leben. Und weil sie nur so wieder ganz werden. Das Andere, das ist die zweite elementare Seite des Menschen, die zu ihm existentiell gehört wie das Atmen. Es ist das Emotionale, das vielen wie amputiert erscheint. In einem tieferen Sinne fehlt ihnen das Romantische.

Romantik. Bei diesem Wort horchen die meisten Politiker, insbesondere die Konservativen, irritiert auf und mahnen mit erhobenem Zeigefinger. Romantik? Das ende doch meist oder fast immer böse. Man denke nur an die heillosen Romantiker der 1968er-Zeit, jene Flower-Power-Jünger in Sandalen und Batikgewändern, die meinten, die Welt verändern zu müssen und zu können. Mit so realitätsfremden Parolen wie »Make Love not War«, mit Sex, Drugs and Rock'n'Roll. Und wo hat das alles geendet? Romantikkritiker erinnern an dieser Stelle gerne an Chaos, an die antiautoritäre Erziehung, jenes Grundübel, das die kleinen Tyrannen von heute herangezüchtet habe, an Anarchie – und den RAF-Terror.

Ein Reflex dieser Abwehrhaltung findet sich bis heute in der Bezeichnung »Sozialromantiker«, der vor allem in neoliberalen Kreisen gern gebraucht wird und dort durchaus zum veritablen Schimpfwort taugt. Gemünzt ist er gemeinhin auf Zeitgenossen, die sich für eine »menschlichere« Welt einsetzen und dadurch auffallen, dass sie immer wieder Verbesserungen für Kinder, Alleinerziehende und/oder Hartz-IV-Empfänger fordern. Menschen also, die nicht auf den Grundfesten des Kapitalismus zu stehen scheinen. Mehr noch: die an ihnen doch tatsächlich rütteln. »Die Hartz-IV-Sozialromantiker sind gefährlich«, lautete etwa im Februar 2011 bedrohlich die Überschrift eines Kommentars in der *Welt*. Für sie, so wurde argumentiert, sei sozialer Fortschritt gleichbedeutend mit mehr Sozialleistungen. Ähnlich alarmiert, ja konsterniert, reagieren nicht wenige Firmenbosse, wenn ihre Belegschaft, die Gewerkschaften oder gar eigene Führungskräfte so etwas Abstruses wie »menschlichere« Arbeitsbedingungen reklamieren.

Tatsächlich steht jede Form scheinbarer oder realer Romantik bei vielen Vertretern der Politik und auch der Wirtschaft unter Kardinalverdacht oder unter Ideologieverdacht. Sie gilt als nutzlos, unangebracht, aufklärungsfeindlich, rückständig und im schlimmsten Fall eben als gefährlich. Vorsicht, Aufbruchgefahr! Wohldosiert ist die kleine, harmlose Emotion zugelassen, als Ablenkung oder als erfolgreiche Marketing-Idee: Das »Romantik-Dinner«

bei Candle-Light verschmähen nicht einmal Neoliberale mit hartem Dollar- und Erfolgsblick. Genau so boomen das »Romantik-Wochenende« im »Romantik-Hotel« oder die Fernreisen zu »romantischen Zielen«.

Was die Ritter des Rationalismus vielleicht irritiert, aber was sie nicht leugnen können: Romantische und sehnsüchtige Buch- und Filmtitel haben in diesem Land längst Hochkonjunktur. Man denke nur an den zauberhaften Harry Potter mit seiner Welt jenseits des vernunftmäßig Erklärbaren. An den mythischen *Herr der Ringe* und Fantasy aller Art. An romantische Publikumserfolge von *Notting Hill* über *Keinohrhasen* bis zum *Traumschiff* und andere sonntägliche Gefühls-Quotenbringer à la Rosamunde Pilcher oder Inga Lindström. Beim Hype um *Twilight* und andere Vampirstreifen sind wir gar bei einem Genre, das ganz in der Tradition der kulturhistorischen Epoche der Romantik steht. Zudem feiert der Mythos Mittelalter, auch ein romantisches Relikt, in unserer postmodernen Gegenwart fröhlichste Urstände – in historischen Filmen, Romanen, Ritterspielen oder mittelalterlichen Märkten, zu denen regelmäßig Zigtausende pilgern.

Die Sehnsucht ist sogar statistisch zu fassen. Immer wieder ergeben Umfragen, dass rund 75 Prozent der Bürger an die große Liebe im Leben glauben – während realiter immer noch jede dritte Ehe geschieden wird. »Romantische« Hochzeiten mit weißem Kleid, Kutsche und garantierten Freudentränen kommen beim Publikum prächtig an, genauso Fernsehsendungen, in denen »spontane« Live-Heiratsanträge gemacht werden oder getrennte Paare sich wieder finden. Rufen Zeitschriften ihre Leser dazu auf, Liebesgedichte einzusenden, flattern ihnen körbeweise selbst gereimte Poeme ins Haus. Und das nicht nur zur Frühlingszeit oder zum Valentinstag. Wie viele Bürger in diesem Land Gedichte schreiben, heimlich sozusagen, wird wohl ein Geheimnis dieser Gesellschaft bleiben. Die Dunkelziffer könnte höher sein als beim Fremdgehen oder bei Korruptionsdelikten. Und das will etwas heißen.

Es geht nicht nur um das eine oder andere Gefühlchen, nicht um Instant-Sehnsucht. Es geht um die tiefe Sehnsucht, auch den anderen Teil des Menschseins leben zu können. Es geht um die Verbindung von Rationalität und Emotionalität. Dass wieder zusammenkommen soll, was zusammengehört, thematisieren seit einiger Zeit verstärkt die Medien und verweisen auf wissenschaftliche Studien. Magazine titeln mit der »emotionalen Intelligenz« oder raten ihren Lesern »Hören Sie auf Ihren Bauch«. Im Herbst 2007 kam es sogar zu einer wahren kleinen Romantik-Welle. Der *Spiegel* zelebrierte seitenlang die »Renaissance der Romantik« – als Renaissance »eines deutschen Gefühls«: »Ausgerechnet in dem Moment, in dem die Hirnforscher vom Menschen als evolutionär determinierter Biomaschine reden, zeigt dieser Mensch sich sprunghaft oder unerwartet innig, poetisch oder protestierend, als ob er gerade jetzt erneut beweisen müsste, wie unbesiegt sein Traum von Freiheit und vom ganz anderen Leben doch ist.« Anlass waren damals vor allem Rüdiger Safranskis Buch *Romantik*, das auf die Bestsellerlisten schnellte, und eine Reihe neuer Publikationen zu romantischen Dichtern wie Novalis oder Joseph von Eichendorff.

Romantik im eigentlichen, tieferen Sinne ist nicht die kurze Schwärmerei, die emotionale Ablenkung. Romantik ist eine zentrale Denkstruktur. Als Geistesepoche in den ersten Jahrzehnten des 19. Jahrhunderts definierte sich die Romantik bewusst anders als die verstandesgeleitete Aufklärung – unter anderem durch das Gefühlhafte, Naturbezogene, Poetische und Ursprüngliche in Gegenwart und Vergangenheit. Die Suche nach Volkshaftem, dokumentiert etwa in den Sammlungen von Volksliedern und Märchen, gehörte genauso dazu wie die idealisierende Hinwendung zum Mittelalter. Der Gedanke des Universellen, des Ganzen spielte eine große Rolle. Gesucht und beschworen wurde die progressive Universalpoesie, deren Theorie maßgeblich Friedrich Schlegel und Novalis entwickelten. Es war eine grenzüberschreitende Poesie, die alle literarischen Gattungen zusammenführte und den ganzen Menschen erreichen wollte: all seine Sinne, sein Denken und Fühlen, Erkennen und emotionales Wahrnehmen. Eine solche Poesie, in der Realität und Traum gleichberechtigt zu Wort kommen, nannte Ingeborg Bachmann »scharf von Erkenntnis und bitter von Sehnsucht«. Das Merkmal dieser Poesie ist ihre permanente Weiterentwicklung. Sie ist in Bewegung, in stetem Aufbruch. Zudem gilt es zu realisieren, dass die Zeit der Romantik auch die des politisch-revolutionären Aufbruchs war. Man könnte es so sagen: Die Ideen der Veränderung entsprangen der Aufklärung, das Handeln der Romantik.

Deutsche Denkgeschichte ist sowohl von Rationalismus als auch von Romantik, von Verstand und Gefühl geprägt. Doch das Romantische ist seit der zweiten Hälfte des 20. Jahrhunderts regelrecht gekappt worden, weil die nationalsozialistische Hitler-Diktatur die Romantik für die hybride Heroisierung deutscher Geschichte missbraucht hatte. Das machte sie nach 1945 verdächtig, was nachvollziehbar ist. Fortan dominierte das Prinzip der Vernunft. Und das Gebot des Nutzens und Nützlichen. Der zunehmende Einfluss des von Leistungsdenken, Fortschrittsglauben und Konkurrenzprinzip bestimmten Kapitalismus auf das wirtschaftliche und gesellschaftliche Leben in der Bundesrepublik tat sein Übriges, um das »Pflaster« des Rationalismus immer undurchdringlicher werden zu lassen. Romantische Reflexe nach einem alternativen, sinnlichen Leben gab es zwar als Traum. Die 1968er-Bewegung steht dafür, mit all ihren Sehnsüchten, revolutionären Aufbruchsideen und dem Gedanken, dass jeder ein (Lebens-)Künstler sei. Doch was offenbar nicht so recht im deutschen Bewusstsein ist: Auch diese Romantik wurde grundlegend diskreditiert. Sie wurde durch den Terror der RAF, durch die brutale Gewalt einer kleinen extremistischen Gruppe, buchstäblich zerschossen. Die hitzige Diskussion im Jahr 2007, drei Jahrzehnte nach dem »Deutschen Herbst«, zeigte signifikant, was bis heute anhält: Wer es »wagt« zu sagen, dass die ursprünglichen Motivationen und Sehnsüchte linker Jugendlicher – etwa der Traum von einer besseren, gerechteren Welt und der Kampf gegen (Vietnam-)Krieg und Ausbeutung – durchaus positiv zu sehen sind, kommt nach wie vor schnell in den Verdacht, »Sympathisant« zu sein.

All diese Entwicklungen haben maßgeblich mit dazu geführt, dass jede Emotionalisierung oder Romantisierung von Politik, Wirtschaft und Gesellschaft von den meisten Meinungs-Mächtigen strikt abgelehnt oder zumindest sehr skeptisch gesehen wird. Wer romantisch denkt, gilt als lebensfremd, unsachlich bis ineffizient oder gar als unverbesserlicher Schwärmer. Doch dahinter steckt ein gravierender Denkfehler. Die Geistesepoche der Romantik hat das Rationale nicht etwa radikal abgelehnt und aus dem Denken gestrichen, sondern das Emotionale, Naturhafte und Poetische als notwendig Ergänzendes betrachtet und zelebriert. Wenn man so will: als Teil des ontologischen Ganzen. Friedrich Schlegels Theorie der progressiven Universalpoesie etwa ist ganz sicher nicht das Werk eines irrationalen Realitätsverweigerers, sondern das eines Philosophen, der sich des Wertes des Rationalen durch und durch bewusst war. Ein profaneres, biographisches Beispiel ist Joseph von Eichendorff. Er hat sicherlich mit die schönsten Gedichte der Romantik verfasst, darunter höchst gefühlvolle Zeilen über das Lied, das in allen Dingen schläft, über die Welt, die anhebt zu singen, und über das »Zauberwort«. Im Brotberuf war der romantische Poet übrigens ein akkurater Staatsbeamter.

Derweil ist es das Verdienst von Rüdiger Safranski, den jahrzehntelangen Verdacht, die Romantik und ihre Literatur sei nationalistisch geprägt und damit als geistiger Wegbereiter des Nationalsozialismus zu sehen, überzeugend ausgeräumt zu haben. Es ist schon sinnfällig – und fast schon irrational: Mal musste die Romantik bei ihren Kritikern als Hitler-Helfer herhalten, mal als Ferment für linksradikale Gewalt.

Die nach wie vor beschworene Gefahr, dass eine zügellose, unberechenbare Romantik, etwa in Form der viel zitierten »Sozialromantik«, in Deutschland um sich greifen könnte, besteht nicht. Diese Gesellschaft steht, um es so zu sagen, fest, hermetisch und grundsolide auf dem Boden des Rationalismus. So fest, hermetisch und grundsolide, dass sich gerade daraus ein Problem ergibt. Weitaus realer und größer ist nämlich die Gefahr, dass sich immer mehr Menschen ins Private, Unpolitische und Sektiererische verabschieden, weil sie das Andere, das Romantische, das sie zum Ganz-Sein brauchen, öffentlich bisher nicht oder nur heimlich leben können.

»Unterm Pflaster liegt der Strand«, so lautete eine Parole der Apo-Zeit. Ein grundromantischer Gedanke. Heute müsste es heißen: »Unterm Beton liegt der Strand«. Den Beton durchbrechen, vielleicht nur ein Stückchen, dem Leben wieder auf den Grund kommen, sich in seinem Sein spüren und nicht nur funktionieren, Traum und Wirklichkeit denken, Poesie im Alltag erleben, Denken und Fühlen verbinden, nicht mehr nur ein halber Mensch, sondern wieder ganz sein, all das impliziert dieser Sehnsuchtssatz. All das beschäftigt und bewegt viele Menschen in diesem Land. Und all das lässt sie aufbrechen: zur Demo gegen kalte Macht oder auf die Pilgerfahrt zu sich selbst oder zum Hoch-Amt der Papst-Euphorie oder zur Sinnsuche oder zur Esoterik oder zu fremden Kulturen und Kulten, die natürlicher und ursprünglicher erscheinen als die verkrustete Künstlichkeit des alltäglichen Lebens, oder, oder, oder.

Der kühne Gedanke sei gestattet: Die Romantik hat den Rationalismus eingeholt. Diese Gesellschaft ist rational-romantisch!

Jean-Baptiste Joly lächelt, als er diese emphatisch vorgetragene These hört. Dann schaut der Direktor der Stuttgarter Akademie Schloss Solitude von seinem Schreibtisch aus lange aus dem Fenster, hinüber zu dem kleinen Jagdschloss, das Herzog Carl Eugen von Württemberg 1763 erbauen ließ. Spaziergänger umkreisen die historische Stätte, in der die Karlsschule untergebracht und Friedrich Schiller ein bekannter Eleve war. Sie genießen die Ruhe dieses Ortes über Stuttgart, den Gang durch die schnurgerade Allee, vorbei an den Kavaliershäusern, und den Weitblick übers Land. Die in der Nähe liegende Dienstvilla des baden-württembergischen Ministerpräsidenten ist verwaist, der neue grüne Regierungschef mochte nicht in die exponierte Idylle jenseits der Landeshauptstadt ziehen. Doch hinter den pittoresken Solitude-Kulissen herrscht reges künstlerisches Leben, kreativ, oft innovativ und eigen-sinnig. Junge Stipendiaten aus allen Kunstbereichen leben und arbeiten hier, sie kommen aus allen Teilen der Welt. Die Akademie hat sich zum globalen Zentrum der Kunstwelt entwickelt. Jean-Baptiste Joly, 1951 in Paris geboren, leitet diese Einrichtung seit ihrer Gründung im Jahr 1989, ist Vorstandsmitglied diverser Stiftungen, Professor an der Berliner Kunsthochschule Weißensee und Mitglied des Deutsch-Französischen Kulturrates. Ein feinsinniger Mann der Kunst, der seinen eigenen, hintergründigen Blick auf die Gesellschaft hat. Und auf dieses Land, in dem er seit 30 Jahren lebt. Systemkritik fließt ein beim Romantik-Gespräch auf Solitude. Und Sehnsucht.

Herr Joly, reist man durch dieses Land, hört man Menschen immer wieder klagen, der Rationalismus dominiere inzwischen alles.

Der Rationalismus, der anscheinend zur Organisation der Gesellschaft führt, ist nur ein scheinbarer Rationalismus. Die Willkür ist noch größer als die Ratio. Wenn man sieht, wie in Bereichen der Finanzmärkte, der Politik und der Industrie mit pseudorationalen Argumenten diskutiert, entschieden und auch gehandelt wird, merkt man, dass Ratio nichts anderes ist als eine Form der Legitimation von Macht. Die Vernunft ist etwas anderes.

Leben wir in einer Phase der rationalen Romantik?

Ich glaube, die Romantik benötigt diesen Zusatz, dieses Adjektiv »rational« eigentlich nicht, weil sie in sich rationales Denken ist. Die Romantik ist so etwas wie der notwendige Abstand zur Realität, den die Menschen brauchen, um dieser Außenwelt, die sie umgibt, Herr zu werden.

Als Projektion einer anderen Welt?

Ja, und auch als Projektion einer Haltung, die sich nicht mit dem begnügen kann, was die Welt dem Menschen bietet. Man braucht dazu einen Abstand, man muss heraus aus einem mimetischen Verhältnis zur Realität, und aus diesem Abstand kann man anderes auf die Realität projizieren. Ich halte den historischen Moment der Romantik für einen notwendigen Schritt der industriellen Revolution, aber nicht nach dem Motto eines von Arnim oder Grimm, dass wir alles wahrnehmen müssen, was verloren geht, während die industrielle Revolution fortschreitet. Wir brauchen vielmehr diesen romantischen Abstand zur Realität, um sie verändern zu können.

Wie sehr brauchen wir diesen romantischen Abstand heute?

Wir leben in der postmodernen Zeit. Es gibt keinen Ort, von dem aus man von außen auf die Realität schaut. Das große Problem unserer Zeit ist, dass wir immer systemimmanent denken. Daher hat die in Stuttgart entstandene Bewegung für mich eine positive Seite: Sie akzeptiert die Spielregeln nicht und sagt, wir wollen nicht systemimmanent denken, sondern wir wollen von außen auf das Geschehen schauen. Ich halte diesen Abstand für absolut notwendig, egal ob man für oder gegen das Bahnprojekt

Stuttgart 21 ist – den Abstand gegenüber einer lückenlosen Gesellschaft, in der uns gesagt wird, dass es außerhalb der bisherigen Lösungen nichts anderes gebe. Da ist der Abstand der Romantik so etwas wie ein rettendes Moment.

Als eine neue Romantik?

Nein, wir leben nicht in einer neuen Romantik, aber wir brauchen sie mehr denn je. Ich glaube, sie ist viel komplexer zu finden, als sie Anfang des 19. Jahrhunderts gesucht werden konnte. Was ich an der Romantik so schätze und liebe, kann man an Stendhal oder auch bei Felix Mendelssohn beispielhaft sehen: diese Vorstellung, dass du noch in der Konstruktion des Textes sein Entstehen wahrnimmst. Du siehst also, wie eine Welt wird – wie sie durch Erfindung entsteht. Sie lebt genau in diesem Augenblick ihrer Erfindung. Das spürt man in der historischen Zeit der Romantik in der Literatur, in der Malerei, in der Musik. Selbst wenn man etwa ein Streichquartett oder das Violinkonzert von Mendelssohn auswendig kennt, hat man beim Zuhören immer den Eindruck, dass es gerade entsteht. Und diese Entstehung gibt einem die Vorstellung: Ja, es ist eine Welt, die entsteht. Das ist genau das, was wir heute brauchen: Menschen, die es wagen, außerhalb eines Kreditplanes, eines Zeitrahmens, einer vorgegebenen Denkstruktur eine neue Geste zu wagen, einfach von sich aus.

Warum wird die Romantik im öffentlichen Verständnis so häufig negativ und speziell von manchen Politikern sogar als gefährlich angesehen?

Das ist genauso wie beim Begriff des Mehrwerts. Das hat mit Steuerrecht zu tun und nicht mit dem Phänomen, wie es Karl Marx im *Kapital* beschrieben hat. Dasselbe gilt für die Romantik. Sie beinhaltet einen gewissen Sprengstoff, daher ist es besser, man macht sich über den Begriff lustig, bringt ihn in Verruf, sodass seine Sprengkraft einfach nicht mehr vorhanden ist.

Möchten die Menschen, im Erleben einer durch und durch rationalisierten Welt, wieder einen Teil ihres Menschseins finden, der sozusagen amputiert worden ist?

Es ist nicht primär die Rationalisierung, die unser Leben beherrscht, sondern das System des Zügelns – ein Raster, innerhalb dessen eine Gesellschaft sich erhofft, dass es zu keinen Unfällen und unkontrollierbaren Momenten kommt. Das Streben des Menschen nach der Erkenntnis seiner selbst ist eine Konstante seit altersher. Diese wird jetzt aber konfrontiert mit einer anderen, postmodernen Gesellschaft, in der diese Suche in einer Sackgasse gelandet ist. In der 68er-Zeit fühlten sich viele von Marx angezogen – und gleichzeitig von Coca-Cola. Man realisierte, dass es jenseits der einseitigen Haltung, die von der Wirtschaft angeboten wird, nämlich »Konsumiert weiter«, etwas Anderes gibt und dass Konsum nur durch mehr Konsum befriedigt werden kann und dies zu einer ständigen Form von Enttäuschung, Frustration führt. Davon ist die heutige Gesellschaft geradezu durchdrungen. Umso intensiver wird die Suche nach dem Anderen.

Und umso größer wird die Sehnsucht.
Wie sehen Sie diesen Begriff?

Deutsch. (*Er lacht.*) Der Begriff »Sehnsucht« ist ja nicht übersetzbar. Man spricht anderswo von Nostalgie, das ist aber nicht so stark wie der deutsche Begriff der Sehnsucht. Es ist das klassische Thema in der Geschichte der Menschheit, dass der Mensch sich nicht mit dem abgeben kann, was er erlebt, sondern von einer Welt träumt, die ihm etwas Anderes gibt, eine andere Liebe, eine andere Sichtbarkeit oder was auch immer. Sie ist mehr oder weniger präsent im Bewusstsein, aber sie ist immer da. Die Sehnsucht ist in Homers *Odyssee* wie im *Don Quichote*, bei *Madame Bovary* oder bei *Felix Krull*.

Die blaue Blume war in der Romantik das Symbol der Sehnsucht. Was ist es heute?

Die ästhetische Erfahrung zwischenmenschlicher Beziehung, ein selbstverständlicher Respekt einem Gesprächspartner gegenüber, das Gefühl, gemeinsam »wir«

sagen zu können, weil wir eine gemeinsame Erfahrung erlebt haben. Vielleicht ist dieses »Wir« die blaue Blume der heutigen Romantik. Seit dem Schrecken des Nationalsozialismus hat keiner mehr gewagt, dieses »Wir« zu leben. Das ist das, was ich bei den neuen Bewegungen wahrnehme: die Suche nach einem neuen Wir.

Wenn wir die Romantik tatsächlich leben: Welche Utopie würde sich daraus für Deutschland ergeben?

Die Romantik in ihrer historischen Zeit lebte von der Utopie. Der Kapitalismus brauchte diese Romantik, um sein Projekt durchzuführen. Wenn man das 19. Jahrhundert betrachtet, da hat der Kapitalismus große Projekte realisiert: die Eisenbahn in Deutschland, den Panamakanal oder die Entstehung der Pharmaindustrie. Das sind Würfe, Projekte, die von der Romantik gelebt haben. Der Kapitalismus hat sehr wohl gewusst, wo er diesen Elan hernimmt.

Eine der positivsten Utopien, die sich derzeit verwirklichen, ist der Ausstieg aus der Kernenergie. Es ist eine so unglaubliche Utopie, die gegen die Interessen von Konzernen durchgesetzt wird. Und dies von einer CDU/FDP-Regierung, nicht von Rot-Grün, das muss man sich vorstellen.

Wo liegt Utopos für Sie in Europa?

Das ist eine schwierige Frage. *(Er denkt nach.)* Ich würde ein literarisches Werk nehmen: ein Gedicht von Hölderlin, das Tagebuch von Stendhal auf dem Rückweg von Russland. Also dort, wo jenseits der eigenen Herkunft und der eigenen vorgegebenen Identität ein Poet in der Lage ist, diesen Ballast der eigenen Herkunft und der Kontingenz, die ihn umgibt, zu überwinden.

Von Bullerbü nach Matala

Aufbrechen: Eine Reise zu Sehnsuchts- und Sinnorten

In Bewegung sein, sich bewegen, bewegt sein. Warum die Sprache nicht beim Wort nehmen und tatsächlich aufbrechen, weg sein, als Reisender in sehnsüchtiger Sache oder als Taugenichts? Ziehen wir also los. Diese Reise wird in Lebensräume führen, hin zu verschiedensten Sehnsuchts- und Sinnorten. Sie will Lust auf Aufbruch machen: Aufbruch in Richtung Utopie. Dabei werden sich immer wieder Realitäten einmischen, erinnerte Realitäten, Geschichten, die in einem Menschen leben, als tiefe Schicht. Sie leben in jedem Menschen, weil Erlebnisse, Erfahrungen und Schicksale ihn prägen und herausfordern, manchmal Freude bedeuten, ihn aber auch leiden lassen. Politische Realitäten werden sich aufdrängen, brüchige und gebrochene Realitäten, die Träume evozieren – nach Veränderung, nach neuen Wegen, nach einer anderen Welt. Auf dieser Sehnsuchtsroute liegen Höhe- und Tiefpunkte, die oft auch Zeitpunkte sein werden, zwischen Vergangenheit und Gegenwart. Ziel ist die Zukunft. Und Utopos. Wege werden zurückgelegt, zuerst vom Norden in den Süden, danach von West nach Ost. Doch am Ende dieser *sentimental journey* wird sich aus den Wegen ein Kreis auftun und sich schließen. Was sehr viel mit Glück zu tun hat.

Im Traumland

Es ist die Stille, die als Erstes auffällt und sich langsam breitmacht, in Hirn und Herz. Kein Motorengeräusch, kein Alltagslärm. Nichts. Nur raschelnde Birken und Tannen. Die drei dunkelroten Häuser mit den weiß gestrichenen Balken und den bunten Vorgärtchen stehen einsam und verloren da, scheinbar jenseits der Zeit. Ein schwedischer Weiler als Utopos, lang-weilig. Die Gedanken weiten sich, die Sinne gehen spazieren. Neugierige Schritte auf dem murmelnden Steinweg, der zu den Höfen führt, vorbei an der großen grauen Milchkanne, die irgendjemand abgestellt hat. Vielleicht, weil er sich einen Spaß machte und sie aus dem Stall stibitzt hat. Die Holzschaukel auf der Hofwiese scheint zu wippen. Sie müssen irgendwo in der Nähe sein, vielleicht da oben auf dem sattgrünen Hügel über dem Weiler, wo die Kühe dösen, oder draußen in den Wäldern, oder an einem der geheimnisvoll-dunklen Seen, aus denen Steine und Felsen ragen, die wie Elchrücken aussehen. Ganz sicher, ja, gleich müssen sie um die Ecke biegen, lachend, feixend, johlend. Lisa, Lasse, Bosse, Inga, Britta, Ole und Kerstin – die Kinder von Bullerbü.

Im Sommer ist Sevedstorp ein besetzter Traum-Ort. Dann füllt sich im Minutentakt der große Parkplatz am Eingang des südschwedischen Dörfchens, dessen drei Höfe die Kulissen für die berühmten Kinderfilme lieferten. So wie »Astrid Lindgrens Welt«, der riesige Themen- und Erlebnispark in der nahe gelegenen Stadt Vimmerby, in der Ferienzeit mitunter aus allen Nähten platzt. Doch im Frühjahr, wenn sich ein weißer Kirschblütenteppich auf »Bullerbü« legt, oder in den nebeligen Herbstmonaten ist man häufig allein in den Landschaften und Geschichten von Smaland. Allein mit seinen Erinnerungen und seiner Sehnsucht nach heiler Kindheit.

Plötzlich meint man Michel am Nebentisch zu sehen, im Gasthaus von Lönneberga, wo einheimische Besucher auf der Veranda sitzen und Köttbullar, die schwedischen Hackfleischbällchen, verspeisen, mit Kartoffeln, Preiselbeeren, Knäckebrot und Messern, auf denen »Ikea« eingraviert ist. Gut möglich, dass der blonde Junge direkt vom Hof Katthult kommt, aus dem Tischlerschuppen, wohin sein Vater ihn gesperrt hat. Weil er mal wieder ein Geldstück verschluckt, seine Schwester an einer Fahnenstange hochgezogen oder irgendeinen anderen Unfug angestellt hat. Lugt aus seiner Hosentasche ein neues Holzmännchen, das er im Schuppen geschnitzt hat? Im real existierenden Lönneberga fängt die Fantasie des deutschen Michel zu fliegen an. Sie landet auf einer Lichtung im dichten Laubwald nahe dem Ort, wo das Moos alte Baumstümpfe überwuchert und einen riesigen dunkelgrünen Teppich webt. Ein Mädchen mit dunklen Haaren und schmutzigem Gesicht springt herbei, legt sich lachend auf das moosige Flies und ruft ihrem Freund zu: »Birk Borkasohn, schau mal, wie herrlich weich das ist!« Plötzlich schreckt Ronja auf. »Pfui, pfui«, murmelt es geheimnisvoll unter einem Wurzelstock. Erdmännchen kriechen hervor und heben ihre winzigen Pfoten in die Luft. Da trollen sich die Räubertochter und das andere Menschenkind.

Auch auf der Weiterfahrt durch die Wälder von Smaland, bei der sich die Tachonadel und auch das innere Tempo wie von selbst senken, begegnet die Sehnsucht alten Bekannten. Ein schwarz-weiß geflecktes Pferd, das hinter einem bunten Holzhaus grast, nähert sich neugierig den Fremden, ein Fohlen neben sich. Der Kleine Onkel scheint Nachwuchs bekommen zu haben. Fehlt nur noch, dass Herr Nilsson mit einer ganzen Affenfamilie auftaucht und von einer reiferen Dame mit Sommersprossen und roten Zöpfen gerufen wird. In einem Landhaus nahe den Schären, das Bed & Breakfast anbietet, scheint derweil die Zeit stillzustehen. Alte Landschaftsbilder hängen an den Wänden, Puppen, eine Schreibmaschine und allerlei Krimskrams fangen den Blick der Besucher und den Staub ein. Eine alte Katze schläft den halben Tag in einem knarrenden Himmelbett. Es könnte das Haus sein, in dem Pippis Freunde Tommy und Annika gewohnt haben. Doch auch in dieser heimeligen Welt bringt die Sehnsucht Menschen in Bewegung. Die Besitzerin des alten, herrschaftlichen Hauses und ihr Mann erzählen abends beim Tee ihre Geschichte. Vor 20 Jahren haben sie zwei kleine Mädchen aus Brasilien adoptiert. Sie stammen aus sehr armen Familien, bloß das hatte das Ehepaar damals erfahren. Jetzt wollen die Töchter wissen, wer ihre leiblichen Eltern sind. In wenigen Wochen reist die ganze Familie an den Amazonas, um es herauszubekommen. Die Flüge sind gebucht. »Es wird ein Abenteuer«, sagt die Frau. »Hoffentlich geht es glücklich aus.«

Diese dunkle Stille. Sitzt man an einem der zahllosen Seen in Smaland, unter flüsternden Birken, den Blick in ein tiefes Schwarzblau gerichtet, tauchen die Geschichten auf. Vom Spiel, unbeschwert, frei, manchmal auch etwas melancholisch, vom Träumen, auch vom Wegfliegen. Eigene Geschichten mischen sich darunter, Geschichten aus der Vergangenheit. Auch schattige Szenen. Der Junge, der all diese Lese- und Filmwelten liebte, lebte auch in einem kleinen Dorf mit Bauernhöfen. Sein Bullerbü hieß Boll und lag im Südwesten Deutschlands, am Rande des Schwarzwaldes. Ronja, Pippi Langstrumpf und Michel waren immer dabei, wenn er selbst durch Wälder strich, kleine Verstecke baute und vor den großen Hunden der Bauern weglief. Die kleine Welt war ganz. Damals, als er neun war. Bis sie brach, in wenigen Sekunden, mit einem ohrenbetäubenden Knall, den er heute, mehr als vierzig Jahre später, manchmal noch immer in den Ohren hat. Und im Kopf. Es war ein Sonntag im Frühling, draußen war kein Bullerbü-Wetter, es regnete in Strömen. Der kleine Familienausflug im VW 1600 fand dennoch statt, wie immer. Die Fahrt in die nahe Umgebung. Ein bisschen rauskommen. An einer Abzweigung hätte man auch nach links abbiegen können, statt nach rechts. Hätte, könnte, würde. Wer hätte denn ahnen können, dass diese Allerweltsentscheidung irgendeine Folge hatte? Der Vater fuhr langsam an diesem Tag, ungewöhnlich langsam. Oder dem Jungen kam es nur so vor. Der Carmen Ghia, der plötzlich auftauchte, schlingernd auf der regennassen Fahrbahn, schleudernd, scheinbar steuerlos, war 120 km/h schnell, wie die Polizei später feststellte. Die Tachonadel war beim Aufprall stehen geblieben, fixiert, wie der Messwert einer Katastrophe. Als man den Jungen, der hinten im Wagen saß, irgendwann herausgezogen hatte, sah er nur blutigen Nebel. Und durch den Nebel ein Gesicht, das keines mehr war.

Seine Mutter, so erklärten sie ihm später, hatte sich am Metallgriff über dem Handschuhfach festgekrallt. Beim Aufprall war der Griff abgebrochen und hatte sich durch eine Gesichtshälfte gezogen. »Wirst du jetzt blind?«, schrie der Junge, als er mit seiner Mutter im Krankenwagen lag. Daran erinnert er sich bis heute. Und an den sonnigen Tag im Frühsommer, einige Wochen später, als in Boll ein kleines Fest gefeiert wurde. Draußen am »Birkenwälle«, dort, wo die Birken auch so geheimnisvoll flüsterten wie in Bullerbü. Der Junge war längst zurück aus dem Krankenhaus, die Gehirnerschütterung ausgeheilt. Er spielte mit Freunden, gedankenverloren, abgelenkt. Bis er zu diesen Birken hochsah. Am Abend würde die Mutter nach Hause kommen, aus der Klinik. Die Mutter mit dem zerstörten Gesicht. »Jetzt wird alles anders sein«, dachte der Junge.

Blicke in das tiefe Schwarzblau des Smaland-Sees. Der Wind ist rau geworden. Die Sehnsucht merkt es nicht.

Fußballhelden und Finanzhaie

Smaland und seine Bullerbü-Welt ist schon wieder Erinnerung, lebendige Erinnerung, die mitfährt. Von Malmö geht es über die neue, riesige Belt-Brücke, unter der Frachtschiffe Richtung Süden stampfen. Kopenhagen kommt in den Blick. Und damit ein klischiertes Bild, das seit Jahren im Kopf hängt: die kleine Meerjungfrau am Neuen Hafen. Tausendmal schon gesehen, in Prospekten, auf Fotos in Magazinen oder in Fernsehdokumentationen über die dänische Hauptstadt. Doch selbst noch nie wirklich gesehen, direkt, unmittelbar, vor Ort. Eine kleine Sehnsucht, nur. Sie zu fassen, den Weg zu ihr zu finden, kann dennoch schwierig sein, vor allem, wenn es

Nacht ist in Kopenhagen. Das Navi führt in dunkle, menschenleere Hafenecken. Dann geht es zu Fuß weiter. Nach ein paar erwartungsvollen Schritten zeigt ein Schild die Richtung. Und dass es nicht mehr weit sein kann. Doch aus dem Weg wird ein Kreislauf, der zum zweiten Mal an einer steinernen Hafen-Frau vorbeiführt. Sie ist, um ihr nahezutreten, eher korpulent, mit gewaltiger Brust, nicht zierlich, wie man das Klischee aus dem Kopf kennt, sondern ein riesiges Weib. Verdutzte Nachtblicke, fast enttäuscht. In der Nähe schließt ein Café-Betreiber die Tür ab. Er lächelt, als die verwirrten Sehnsüchtigen ihn verlegen fragen. »Nein, das ist sie nicht«, sagt er mit Blick auf das Riesenweib, »ich zeige ihnen, wie sie zu ihr kommen.« Er geht ein paar Schritte mit, sein Grinsen wird breiter. »In der Dunkelheit kann man sich leicht vertun. Da vorne links, dann ist sie zu sehen.« Wie klein sie wirklich ist. Und schön. Ein fahler Strahl leuchtet ihr ins Gesicht, das melancholisch wirkt. Still ist es. Bis auf das Lachen in der Nacht.

Weiterfahren, weiterziehen. Vorbei am Flughafen von Kopenhagen, wo die dunklen Vögel dösend stehen, in Reih und Glied. Gedanken heben ab, Erinnerungen an eine ballrunde Tour, die von hier aus zur fremden und doch heimeligen Inselwelt führte. Eine kleine Welt im Nordatlantik, auf die Schatten gefallen sind, Schatten einer gierigen Sehnsucht. Am Anfang stand eine verrückte Idee. In einem der entlegensten Winkel Europas, auf einem einsamen Bauernhof am Fjord, nach Gerd Müller fragen? Und nach anderen deutschen Helden der Weltmeisterschaft 1974? Es stand damals mal wieder ein Fußball-Großevent an, und Journalisten pflegen zu solchen Anlässen besonders originell sein zu wollen. Warum also nicht auf den Färöer-Inseln recherchieren, wie populär der deutsche Fußball, das runde Glück, im letzten Winkel Europas ist. Zumal das Färöer Team, der Fußballzwerg, schon einmal Gegner der deutschen Ballmacht war und sich tapfer geschlagen hatte.

Der Wind fegte über den Fjord und rüttelte an den zerzausten Büschen und Bäumen, als sich die Fremden dem einsamen Gehöft näherten. Ein älterer Mann, der vor dem Haus werkelte, kam auf sie zu und begrüßte sie, mit neugierigem Blick. »Wo kommt ihr denn her?« Als er »Deutschland« hörte, zog er die Augenbrauen hoch. »Was wollt ihr?« Es klang höflich, aber verhalten. Die Fremden schwadronierten über Fußball, irgendwas von dem runden Leder, das die Menschen auf der ganzen Welt verbinde, von der Weltmeisterschaft damals, 1974, München, Endspiel gegen Holland. Und ob er sich noch an Spieler der deutschen Mannschaft erinnern könne. Da huschte ein Lächeln über das verwitterte Gesicht des Mannes. Am Ende der Welt scheint einen nichts mehr zu wundern. Er zog seine Mütze vom Kopf und kratzte sich ausgiebig am Kopf. Dann rief er gegen den Wind: »Franz Beckenbauer, Sepp Maier, Paul Breitner, Wolfgang Overath.« Kurz überlegte er. »Und natürlich Gerd Müller.« Der Bauer lachte laut auf: »Der Bomber!« Jetzt schwiegen die Fremden, mit offenen Mündern. Er schien seinen kleinen Färöer Sieg zu genießen. »Kommt rein, ihr habt sicherlich Hunger.«

Die Tür des Bauernhofes stand offen. Es gab keine Klingel. So sei es auf der ganzen Felseninsel immer gewesen, erzählte der Mann, als er den Fremden selbst geschmierte Butterbrote auf den Tisch stellte. Wer zu Besuch kam, öffnete einfach die Tür und wurde freundlich empfangen. Inselpolizisten hatten wenig zu tun, an den letzten richtigen Kriminalfall konnten sich nur noch die Älteren erinnern. Auf den Färöer-Inseln war die soziale Welt eine kleine Ewigkeit lang in Ordnung. Bis eines Tages Finanzhaie die raue Insel betraten. Sie kamen aus Frankfurt und Kopenhagen, von einem Anlageunternehmen. Forsch betraten sie die offenen Häuser und versprachen Renditen in Schwindel erregenden Höhen. Die ersten Insulaner ließen sich locken, darunter vermögende Leute, aber auch Handwerker und Kleinunternehmer. In den Kneipen und Fußballclubs sprach sich rasch herum, welche Goldmine das deutsche Unternehmen offenbar war. Die smarten Vermittler vom Festland verstanden ihr Geschäft. Die Liste neuer Kunden, mit der sie von ihren färingischen Streifzügen in die dänische Dependance zurückkehrten, wurden länger und länger. Immer mehr Verträge schlossen sie ab, sogar eine ganze Kleinstadt mit

6.000 Einwohnern ließ sich auf die scheinbar gewinnträchtigen Geschäfte ein. Die Menschen auf den Färöer-Inseln vertrauten den Fremden. Und träumten den großen Traum, dass sie sich bald mehr leisten könnten, dass es der Familie, vor allem den Kindern, künftig besser gehen würde. Diese Sehnsucht teilten sie mit vielen deutschen Familien, die dem Anlageunternehmen auch auf den Leim gingen. Ein Stück weit war es auch Gier.

Als 2005 im fernen Frankfurt die Wertpapierhandelsbank pleiteging und deutsche Staatsanwälte einen der größten Fälle von Anlagebetrug mit weltweit 30.000 Opfern zu ermitteln begannen, brach die heile Welt auf den Färöer-Inseln zusammen. Misstrauen machte sich breit, Argwohn, Häme und Spott für die geprellten Anleger, Schweigen aus Scham. Viele Bürger begannen, ihre Haustüren abzuschließen und Klingeln zu montieren. Das soziale Klima war in kurzer Zeit vergiftet. Werte zerbrachen.

»Ein Mann, ein Wort.« Auf diesen Grundsatz hatte sich Elmar immer verlassen. Und auf seine Intuition. Damit war der 70-Jährige in seinem Leben gut gefahren, damit hatte er es auf den Färöer-Inseln ohne Schulabschluss und Gesellenbrief zu einem Handwerkerbetrieb gebracht. Nachdem er den ersten Werbeanruf aus dem dänischen Mutterland bekommen hatte, war er nach Kopenhagen gereist. »Ich wollte den Leuten, die mir diesen Fonds mit der hohen Rendite anboten, erst einmal ins Gesicht schauen.« Das Büro lag in einem alten Gebäude mit Reedereien und Consulting-Firmen als Nachbarn. Eine sehr gute Adresse, so schien es. Nur einen Steinwurf entfernt bewachten Soldaten die Königin im Schloss Amalienborg, ein Haus weiter lag das Amt des Hofmarschalls. Elmar war die ausladende Wendeltreppe hinaufgestiegen, in den vierten Stock, wo das Anlageunternehmen residierte. Höfliche Herren, darunter ein Deutscher aus der Frankfurter Zentrale, begrüßten ihn und erklärten ihm die große weite Finanzwelt: Es gebe auf den internationalen Märkten Leute, die rasch viel Geld bräuchten, um Metalle, Kaffee oder Fleisch zu kaufen. Die seien bereit, sehr hohe Zinsen für ihre kurzfristig erhaltene Liquidität zu zahlen. Das Geld komme auf ein Sammelkonto, eingesetzt werde es zum Handel mit Optionen an den internationalen Terminmärkten. Damit ließen sich Rekord-Renditen erzielen. Elmar hatte gespannt zugehört und dann seine Fotokamera gezückt: »Darf ich sie fotografieren?« Die höflichen Herren nickten. »Von da an glaubte ich, ich könnte ihnen vertrauen. Zumal es sich um ein deutsches Unternehmen handelte – es musste also eine solide Sache sein.« Elmar investierte. Ein Mann, ein Wort. Als er erfuhr, dass die angeblich sicheren Geschäfte nichts anderes als ein Riesenschwindel waren, verwarf er sein Lebensprinzip. »Ich schäme mich, dass ich die Zukunft meines Betriebs und meiner Familie so aufs Spiel setzte«, sagte er und wischte sich über die feuchten Augen.

Das Glück, das auf den Kreislauf geht

Neue, andere Wege. Die dänisch-deutsche Grenze ist passiert, die tiefergelegte Landschaft mit breiten Feldern und Wiesen, auf denen schwarz-weiße Kühe weiden, bleibt. Und die Neugier, wohin das Weiter führt. Die Sprache des Alltags weist in eine allzu bekannte Richtung: Man geht seinen Weg. Der Weg ist das Ziel. Daran führt kein Weg vorbei. Habe ich die wichtigen Dinge auf den Weg gebracht? Nur nicht auf der Stelle treten, sich im Kreis drehen oder gar auf der Strecke bleiben. Stillstand ist Rückschritt. Das Leben als Gerade, oder als Überholspur. Wie fixiert wir heute auf das lineare Denken sind.

»Glückstadt« steht irgendwann auf einem Schild. Merkwürdig, ein Ort des Glücks? Der Abstecher in die Stadt nahe der Elbe-Mündung führt zu einer Figur, die seit Jahrhunderten Glück verkörpert. Sie steht jedoch für einen »abwegigen« Denkansatz, der in modernen Glücks-Ratgebern nicht oder nur selten zu finden ist: dass nämlich das Glück, wie auch das Schicksal und das Leben, ein Kreislauf ist. Ein unentwegtes Auf und Nieder, immer wieder, ein Perpetuum mobile. Im Wappen von Glückstadt prangt diese Figur bis heute, mit goldenen Haaren, den rechten Fuß auf eine Kugel gesetzt, mit beiden Händen hält sie ein weißes Segel, das sich im Winde bläht. Sie ist nackt, die alte Glücks- und Schicksalsgöttin Fortuna.

Seit der Antike gibt es die Vorstellung von einer Frau, die Glück gibt oder es wieder nimmt, wie es ihr gerade beliebt. Stets war die Fortuna-Figur mit dem Kreismotiv eng verbunden. Das Steuerrad zählte früh schon zu ihren symbolischen Attributen, die Kugel – und vor allem das sich stetig drehende Rad. Mittelalterliche Darstellungen zeigen Fortuna als blinde Glücks- und Schicksalsgöttin, die ihr Rad antreibt. Ungerührt, fast triumphierend schaut sie zu, wie ein Adliger auf dem Rad aufsteigt, den Höhepunkt fest im Blick. Es sind Momentaufnahmen des Aufstiegs zu Macht und Regierungsgewalt. Ganz oben thront der Herrscher. Er hat es geschafft, stolz trägt er die Krone und andere Insignien seiner Macht. Doch schon eine Umdrehung später hängt ihm die Krone schief auf dem Kopf. Fortuna kurbelt weiter, der Mächtige droht vom Rad zu fallen. Nur noch eine Hand umklammert den hölzernen Radreif, mit der anderen will er nach der Krone greifen, die von seinem Kopf gefallen ist. Ein letzter Versuch, sich auf dem Rad, an der Macht zu halten. Doch der freie Fall ist nicht aufzuhalten. Am Ende berühren nur noch die Füße den Radreif, die Hände greifen haltlos ins Leere. Der Herrscher stürzt, alle Machtzeichen sind verschwunden. Jetzt wirkt er wie ein hilfloses Bündel Mensch. Krasser könnte der bildliche Kontrast zur Hochphase nicht sein.

Diese ursprüngliche Glücksvorstellung ist, anders als heute, ganzheitlich. Sie umfasst Positives wie Negatives,

Aufstieg *und* Abstieg, Erfolg *und* Scheitern. »Glück, das geht merkwürdig auf und ab«, schrieb der mittelalterliche Dichter Gottfried von Straßburg, der *Tristan und Isolde* geschrieben hat. Glück ist in diesem Denken nicht fixiert auf eine positive Seite, es ist kein Zustand, sondern dauernde Bewegung. Bei dieser zwiespältigen Fortuna und ihrem Rad geht es buchstäblich um alles, dieses Motiv gehört *ganz* zum Leben wie die Liebe und der Hass, Geborenwerden und Sterben.

Hier, in Glückstadt, hat sich Fortuna über Jahrhunderte gehalten, hier ist sie sichtbar geblieben. Im Rathaus erfährt man die Geschichte dazu. Eine stolze, uneinnehmbare Festungs- und Hafenstadt sollte der Ort an der Elbe werden, als er 1617 gegründet wurde, von Christian IV., dem König von Dänemark und Norwegen, der auch Herzog von Schleswig und Holstein war. Dieses ehrgeizige Vorhaben sollte glücken. Damit wurde der Name für die Stadt Programm, mit ihm das tradierte Sinnbild für Glück, die Fortuna. Überliefert ist der Spruch des königlichen Stadtgründers: »Dat schall glücken und dat mutt glücken, und denn schall se ok Glückstadt heten!« Es war die Zeit, in der man das Schicksal noch als konkrete Macht sah, der auch Herrscher ausgesetzt waren – und in der man sich fragte, was oder wer dieser Fortuna Einhalt gebieten kann, wer den Weg durch diesen Kreislauf eigentlich bestimmt. Eine sehnsüchtige Frage. Embleme der Barockzeit geben darauf die Antwort: Von oben greift eine Hand in die Speichen des Fortuna-Rades. Es ist die Hand Gottes.

Weiter geht es auf dem Weg, während die Gedanken sich um das Ganze drehen: Ist der Weg nicht nur ein Teil des Kreises? Und hat diese alte Fortuna-Figur nicht deutlich mehr mit dem Leben zu tun als so manche moderne Glückstheorie? Ein Song ruft sich in Erinnerung: *Circle of Life* von Elton John – *it's the wheel of fortune.*

Berliner Szenen: Sich empören, sich engagieren

Berlin, Reichstagswiese. Vor dem Kanzleramt und dem Bundestag formiert sich der Protest gegen Gier, die Banken-Macht und eine Politik, die ohnmächtig jahrelang die moralfreien Kasino-Kapitalisten zocken ließ. Es ist der 15. Oktober 2011, der Tag, an dem die junge Occupy-Bewegung an der New Yorker Wall Street über den Großen Teich schwappt. 10.000 Demonstranten sind auf den Beinen. »Yes we camp«, steht auf Bannern und Transparenten. Oder »Devided we fall, united we stand.« Oder »Ätsch, Marx hatte doch recht«. Oder »Kapitalismus und Demokratie – Vortäuschung des Unmöglichen«. Junge Menschen, die sich auf der bevölkerten Wiese wie bei einem Sit-in niedergelassen haben, stellen ein Pappschild auf: »Make love, not money«. Als ob sich Protest-Geschichte plötzlich wiederholen würde. Der Protest sucht sich seine Sprache. Auch die Sehnsucht, die in ihm steckt.

»Take the life«, skandieren Demonstranten. Und: »Folge deinem Herzen.«

Man hört und spürt es in jeder Szene: Es geht diesen jungen Menschen um viel, nein, es geht ihnen um alles, ums Ganze, um die Zukunft dieses Systems und der Menschen, die darin zunehmend verarmt und verkümmert sind, im real-wirtschaftlichen wie im emotional-menschlichen Sinne. Sie hinterfragen dieses System radikal, sind nicht mehr bereit, das Gefühl von sozialer Kälte und innerer Leere mit kapitalen Selbstlügen zu übertünchen. Sie suchen nach einem neuen, anderen Sinn des Lebens, wollen nicht länger als kapitalistische Karikaturen herumlaufen. Diese Sehnsüchte bestehen auf Erfüllung. Darin liegt ihre politische Brisanz.

Auf der Berliner Reichstagswiese sind die Fernsehkameras in Position, die Mikrofone aufgestellt, die Notizblöcke gezückt. Die Medien stürzen sich an diesem Tag auf die neue Occupy-Bewegung, ganze Journalisten-Trupps halten laute Szenen und Parolen fest, führen Interviews mit Protagonisten, Fotoapparate klicken im Sekundentakt. In den TV-Nachrichten, Rundfunksendungen und Blättern wird die neue Empörung groß gespielt. Sie taugt zum Aufmacher und für fette Schlagzeilen.

Sinnfälliger Szenenwechsel. Kaum zwei Kilometer vom Occupy-Protesttrubel entfernt präsentieren sich am selben Tag Engagierte: Organisatoren von sozialen oder ökologischen Projekten in verschiedenen Städten und

Gemeinden der Republik, Initiatoren von Selbsthilfegruppen, Nachbarschaftshilfen oder Schülerbetreuung, Vertreter von Vereinen und Organisationen, die sich auf unterschiedliche Weise bürgerschaftlich einsetzen. Es sind Freiwillige, ehrenamtlich Aktive. Sie stehen für den stillen Aufbruch, für die stille Sinnsuche und Sehnsucht, selbst etwas zu gestalten. 2011 ist das Europäische Jahr der Freiwilligentätigkeit, ausgerufen von der EU-Kommission. Und hier, in Berlin, findet die zentrale deutsche Veranstaltung dazu statt. Sie ist mehrtägig, der Ort, an dem sie stattfindet, klingt spektakulär: das Sony-Center am Potsdamer Platz. Doch die Präsentation bürgerengagierter Arbeit in Deutschland findet auf recht engem Raum statt, im Erdgeschoss. Dicht an dicht stehen die Tische und Stellwände der verschiedenen Organisationen. Besucher verirren sich an diesem Tag nur selten hierher, Touristen hasten achtlos vorbei. Und von Journalisten fehlt jede Spur. Diese Engagierten bleiben weitgehend unter sich.

Zwei völlig verschiedene, getrennte Welten, so scheint es. Der krasse Kontrast beider Szenen steht für die Situation in diesem Land. Präsent und dominant, in der öffentlichen Wahrnehmung, ist der Protest, die Gegen-Position oder gleich die »Revolution«, wie sie von besonders emphatischen Demonstranten oft und gerne beschworen wird. Stuttgart 21 steht paradigmatisch für den Aufbruch hin zur Veränderung, zu mehr Mitsprache, mehr direkter Demokratie. Die noch junge Occupy-Bewegung hat einen deutlich weiteren, nahezu globalen Ansatz und Zuschnitt. Es geht um die politische und gesellschaftliche Zukunft ganzer Länder: Ist dieser Turbokapitalismus mit all seinen absurden Auswüchsen noch zu bändigen oder beherrscht die Finanzwelt alles, nicht nur die wirtschaftliche Existenz von Staaten, sondern das Leben, Schicksal und Denken der Bürger? Das sind essentielle Gründe, um auf die Straße zu gehen und aufzubrechen.

Das »Empört euch!« ist in Deutschland längst angekommen. Was aber ist mit dem Engagement, zu dem der ehemalige Résistance-Kämpfer und Buchenwald-Überlebende Stéphane Hessel auch aufruft? Sich engagieren bedeutet handeln, nicht nur reden, diskutieren oder streiten. Natürlich handelt jemand, der sich auf den Protest-Weg macht, sich einer Bewegung anschließt, Demonstrationen mitorganisiert oder besucht. Und er kann und wird sagen, dass er sich damit engagiert, sich einsetzt für eine wichtige Sache. Warum aber werden Menschen, die im Alltag sich individuell engagieren, indem sie als Ehrenamtliche – oft zum Nulltarif – anderen Menschen helfen und in verschiedensten Bereichen sozial agieren, in dieser (Medien-)Gesellschaft viel weniger oder zuweilen gar nicht wahrgenommen? Die Berliner Szenen, die sich am 15. Oktober 2011 abspielten, stehen exemplarisch für ein grobes Missverständnis: Das politische Engagement, das sich besonders laut und griffig im Protest zeigt, gilt hierzulande weithin als etwas völlig Anderes als der stille soziale Einsatz von Freiwilligen. Dabei gehört beides zusammen. Wer bürgerengagiert handelt, indem er zum Beispiel in Vesperkirchen Essen an alte Menschen, Langzeitarbeitslose, Alleinstehende und Obdachlose verteilt, Nachbarschaftshilfe betreibt, Kinder betreut, damit deren alleinerziehende Mütter arbeiten können, oder sich um kranke oder aus der Bahn geworfene Menschen kümmert, gestaltet aktiv soziale Realität mit. Und er verändert sie auch. In all dem steckt ein enormer politischer Einsatz. Denn: Freiwilligenarbeit prägt und fördert den Zusammenhalt und die humane Entwicklung einer Zivilgesellschaft. Kein Staat der Welt wäre in der Lage, die im Ehrenamt geleistete Arbeit zu bezahlen – und kommt doch ohne sie nicht aus.

Am Rande der Veranstaltung im Sony-Center klingt es an diesem Tag immer wieder an: 36 Prozent der deutschen Bevölkerung sind ehrenamtlich aktiv, die bundesweite Quote ist respektabel, sie stagniert allerdings. Was Pionieren und Experten des Bürgerengagements besonders ins Auge sticht: Der Anteil junger Menschen in der Freiwilligenarbeit ist rückläufig. Sie zu dieser individuellen Form von Engagement zu bewegen, scheint schwieriger geworden zu sein. Ein inzwischen größerer Zeitaufwand in Schule, Lehre oder Studium mag dafür ein Grund sein. Gut möglich aber, dass es auch und besonders an jenem groben Missverständnis liegt, das in dieser

Gesellschaft gepflegt wird. Protest, Demos, Empörung, neue Bewegungen sind »in«, angesagt, »sexy«, attraktiv, politisch effektiv – attraktiver und politisch effektiver offenbar als sich in einem konkreten sozialen Projekt wöchentlich oder gar täglich zu engagieren, auch noch zum Nulltarif. Medien, die gerne die lauten und viel weniger die stillen Themen mögen, transportieren und zementieren diesen nur scheinbaren Gegensatz. Eigentlich fatal. Denn wer sich handelnd engagiert, zum Wohle benachteiligter Mitbürger, hat beste Argumente, wenn er politisch aktiv wird oder ist. Seine Kritik oder sein Protest wirken besonders authentisch, weil er nicht nur redet oder streitet, sondern sich konkret einsetzt, damit etwas für das Gemeinwesen tut und selbst etwas verändert.

Von dem gängigen Missverständnis, dass Protest und politische Partizipation das Eine, bürgerschaftliches Engagement das Andere sei und zwischen beidem Welten lägen, profitiert bislang vor allem die herrschende Politik. Die Bundesregierung betont noch am Abend des Berliner Occupy-Tages ihr »Verständnis« für die neue Protestbewegung gegen Gier und Banken-Macht; man nehme sie sehr ernst. Genau so wortreich betont sie regelmäßig, wie überaus wichtig die ehrenamtliche Arbeit engagierter Bürger sei, gerade im sozialen Bereich. Beides sind grandiose Lippenbekenntnisse, denn die Regierungspolitik trägt eine veritable Mitverantwortung dafür, dass der Turbokapitalismus nicht eingedämmt wurde. Und:

Wenn bürgerschaftliches Engagement für dieses Gemeinwesen so eminent wichtig ist, warum fand die zentrale Veranstaltung im Europäischen Jahr der Freiwilligentätigkeit dann versteckt im Erdgeschoss des Berliner Sony-Centers statt und nicht im Kanzleramt? Eigentlich ein Skandal. Doch wer von den Empörten würde sich bislang über eine solch geringe Wertschätzung der Engagierten aufregen?

Dichter und Denker, Richter und Henker

Wenn es dunkel wird in Weimar und die angeknipsten Strahler ihr fahl-warmes Licht auf die historischen Gebäude schießen, leuchtet einem endgültig ein, welche Wirkung diese zum Museum gewordene Stadt hat. Und welche Ambivalenz. Jeder Weg zu den Schlössern, Kirchen und Künstlerhäusern, jeder Schritt auf dem Kopfsteinpflaster führt in die Geschichte – und immer wieder zu der Frage, wie man sich selbst zu ihr stellt. Ob man sie ehrfürchtig anstrahlt oder sie kritisch auf Distanz hält, und wie sie die eigene, persönliche Geschichte prägt oder geprägt hat. Der Touristenstrom, ganz auf der klassischen Route, wälzt sich am Schiller-Haus vorbei Richtung Nationaltheater. Die Fotoapparate sind gezückt, monumentale Motive gibt es zuhauf. Aus dem Bild springt ein älterer, vom Leben zerzauster Mann, der von Abfalleimer zu Abfalleimer hastet und mit beiden Armen darin gräbt.

Er sucht nach Pfandflaschen, der harten Währung seines Alltags. Die Kultur-Schatzsucher bemerken ihn nicht. Und wenn doch, schauen sie diskret weg.

Von oben herab blickt der Geheimrat auf die Szene, unbewegt, entrückt, mit steinerner Miene. Er hält den Lorbeerkranz in der Hand, Symbol seiner fürstlichen Dichtermacht. Neben ihm steht der andere Klassiker und Genius. Und irgendwie kommt es einem vor, als ob der faustische Olympier der deutschen Literatur nicht vollständig goutiert, dass dieser Schiller ihm so nahe ist, auf Augenhöhe. Doch damit dichtet man ihm wahrscheinlich etwas an. Weil die Wahrheit, dass er wirklich ein genialer Dichter war und Großes, sehr Großes geschrieben hat, immer wieder zum Widerspruch reizte, zur kleinen Auflehnung gegen die sprachmächtige Autorität, denen Deutschlehrer so gerne huldigen. Vor allem damals war das so, Mitte der 1970er-Jahre, als unter den langhaarigen Gymnasiasten in der letzten Reihe subversiv ein Papier herumging. Ein Pamphlet, in dem Radikales, damit natürlich Wahres stand: Goethe sei ein »pompöses Arschloch« gewesen. Feixend und mit dem sicheren Gefühl, ein Tabu und irgendeine Macht zu brechen, zelebrierten die Gymnasiasten damals ihren papiernen Widerstand.

Bis eines Tages ein Referendar die Klasse vorübergehend übernahm. Mit ungewohntem Eifer und Engagement präsentierte er das Thema der nächsten zwei Wochen: *Die Leiden des jungen Werther*, Goethes Briefroman, der Bestseller aus seiner Sturm- und Drangzeit. Die Geschichte kam den Schülern aus der letzten Reihe ziemlich seltsam vor – zumindest so, wie sie sich den wild pubertierenden Experten erschloss. Ein junger, überaus empfindsamer Mann, der sogar Skrupel hat, übers Gras zu gehen, weil sonst die Mücklein leiden könnten, lernt Lotte kennen, eine irgendwie tolle Frau, die sich um ihre vielen Geschwister kümmert. Es funkt zwischen den beiden, nach einem nächtlichen Gewitter schauen sie sich tief in die Augen und sagen so etwas Ähnliches wie ein Codewort: »Klopstock«. Lotte ist verlobt und wird ihren biederen, rechtschaffenen Albert auch heiraten. Dennoch versucht Werther bei ihr sein Glück, doch ausgerechnet in dem Augenblick, als es richtig spannend geworden wäre, schickt sie ihn weg. Er leidet an dieser unmöglichen Liebe und bringt sich am Ende um.

Das also sollte Sturm und Drang sein. »Wie wär's mit Orkan und Begierde?«, fragten die Hinterbänkler mit einem siegessicheren Schmunzeln. Der Referendar ließ sich nicht beirren, sprach von Pantheismus und dem besonderen Wert dieser Liebe. Dann begann er, mit Nachdruck in der Stimme, seine stürmisch-drängenden Ausführungen zu vertiefen. Dabei zeichnete sich an seinem Hals ein sanftes Rot ab, das höher zu steigen schien. »Goethe beschrieb hier die engste Verbindung, die es zwischen zwei Menschen geben kann«, sagte der Referendar. Jetzt ging ein Raunen durch die letzte Reihe. Einer von ihnen, der aufgrund einer Sonderrunde älter war und dem bereits einschlägige zwischenmenschliche Erfahrungen nachgesagt wurden, streckte pfeilschnell seinen Finger in die Höhe, schnipste wie ein Streber und setzte sein breitestes Grinsen auf: »Ich kenne aber eine Verbindung zwischen zwei Menschen, die viel, viel enger ist.« Je lauter das Lachen in der Klasse wurde, umso mehr intensivierte sich das sanfte Rot am Hals und im Gesicht des jungen Lehrers. Er räusperte sich, schien sich zu sammeln, dann sagte er mit fester Stimme: »Sie sollten das Buch wirklich mal lesen, dann erschließt sich Ihnen, was ich damit meine.«

Einer der Hinterbänkler stutzte. So überzeugt zu sein von dem, was er vermittelte, so leidenschaftlich über Literatur zu reden, das irritierte ihn an diesem Referendar. Am Abend, als er aus der links-alternativen Kneipe heimkam, *Hotel California* noch in den Ohren, holte er den *Werther* aus den Tiefen seiner Jutetasche und begann darin zu blättern. Noch in der Nacht hatte er das Buch durch. Seinen Kumpeln erzählte er nichts davon, sondern lachte mit, als die sich am nächsten Morgen immer noch auf die Schenkel klopften, wegen der Werther-Gaudi, »Mann, das war gestern eine richtig gute Nummer«. Er verschwieg ihnen, wie ihn diese Geschichte gepackt hatte, diese Sehnsucht. Er sagte ihnen später auch nicht, dass er den *Werther* heimlich wieder und wieder gelesen hatte, danach Gedichte zu schreiben begann, ungelenk, aber leidenschaftlich, und schließlich einen Entschluss gefasst hatte: Literaturwissenschaft zu studieren. Und jetzt steht dieser ehemals langhaarige Gymnasiast aus der letzten Reihe vor dem Weimarer Denkmal und schaut zu Goethe hoch. Der Geheimrat würdigt ihn keines Blickes.

Musik erklingt aus der Schillerstraße. Und helles Lachen. In der Nähe des Hauses mit den blauen Fensterläden, in dem der »Freiheitsdichter« gewohnt hat, spielt ein kleines Orchester unter Platanen. Menschen, die sich nicht zu kennen scheinen, nehmen sich an der Hand, bilden einen Kreis. Sie beginnen zu tanzen, erst gemessenen Schrittes, als ob sie ein Menuett einstudierten, dann werden die Schritte schneller, immer schneller, die Menschen drehen sich, eine Klarinette treibt sie schrill in neue, noch wildere Kreisbewegungen. Bis das Instrument leiser, melancholischer wird und dunkle Töne sich in die Melodien mischen. Jetzt, so meint man, klingen sie nach Trauer, Klage. Auch nach Anklage? Still und langsam dreht sich nun der Kreis, dann schweigt die Klarinette.

Wind kommt auf, bläst nachtkühl in die bewegte Runde. Als ob er sich einmischen wollte, brüsk. So, wie dieser Gedanke jäh wieder aufkommt, der sich bei jedem Weimar-Besuch aufdrängt, fordernd, fassungslos und wütend: Haben die Menschen damals wirklich nichts geahnt, nichts gemerkt, nichts gewusst? Das kann doch nicht sein. Der giftige Tod, der Meister aus Deutschland, hatte doch gleich nebenan seinen Gitterraum, nur wenige Kilometer entfernt von den deutschen Klassikern und deutschen Lindenbäumen, in Buchenwald lief seine zynische Maschinerie doch jahrelang, jeden Tag. »Schwarze Milch der Frühe wir trinken sie abends/ wir trinken sie mittags und morgens wir trinken sie nachts/ wir trinken und trinken/ wir schaufeln ein Grab in den Lüften da liegt man nicht eng/ Ein Mann wohnt im Haus der spielt mit den Schlangen der schreibt/ der schreibt wenn es dunkelt nach Deutschland dein goldenes Haar Margarete/ er schreibt es und tritt vor das Haus und es blitzen die Sterne er pfeift seine Rüden herbei/ er pfeift seine Juden hervor läßt schaufeln ein Grab in der Erde/ er befiehlt uns spielt auf nun zum Tanz.«

Neben dem *Werther* war es das, was den langhaarigen Gymnasiasten so umtrieb, damals, was ihn so fassungslos, wütend und ohnmächtig machte. Paul Celans *Todesfuge*. Und der Hitler-Film von Joachim Fest. Er war zutiefst schockiert – und konfrontierte fortan beim Abendessen die Eltern regelmäßig mit der Frage, warum sie nichts gegen diese Diktatur, diese menschenverachtende Maschinerie und dieses unfassbare Unrecht getan hätten. Dass beide erst Ende der Zwanzigerjahre geboren worden waren, in der NS-Zeit also noch Jugendliche waren, störte seine Kardinalkritik nicht. Er hatte recht. Wer Antisemitismus, Holocaust, Krieg und Diktatur anprangerte, hatte natürlich recht. Und als er im *Spiegel* las, wie ehemalige Nazis nahtlos wichtige Positionen in diesem Staat eingenommen hatten, und er ältere Leute Judenwitze erzählen hörte, verfestigte sich das Bild, wurde ihm immer klarer: Dieses Land hatte nichts dazugelernt. Es war faschistoid. Eindeutig. Je wüster die Tribunale am elterlichen Abendtisch wurden, desto mehr rastete ein Automatismus ein. Dagegen-Sein war richtig und wichtig, egal, wogegen man war. Hauptsache: dagegen. Damit stand er auf der einzig richtigen Seite. Und hatte recht. Die Mitschüler vorne in der ersten Reihe, die sich im Gemeinschaftsunterricht innig mit der CDU-Politik beschäftigten, waren Erzkonservative, reaktionär. Natürlich, keine Frage. Und daher diskutierte er mit denen nicht groß. Er hatte, so dachte er jedenfalls, immer recht, weil er anders war und das System durchschaute. Als Spätgeborener war er ein 68er-Epigone. Und Epigonen sind oft (noch) dogmatischer als die Originale. Sie wollen in ihrer Dagegen-Haltung hundertprozentig sein. Und in ihrer politischen Sehnsucht. Er lernte die *Todesfuge* auswendig. Und den Songtext von Konstantin Wecker: »Ach du mein schauriges Vaterland,/ du Land der Richter und Lenker! Gestern noch hast du Europa verbrannt,/ und jetzt spielst du schon wieder den Henker.«

Weimar liegt zurück, die Museums-Stadt mit ihren fahl-warm bestrahlten Ambivalenzen wirkt nach. Weiter geht es. Nachtfahrt durch Deutschland. Die dunklen Kuppen des Thüringer Waldes und der Rhön erzählen geheimnisvolle Geschichten, und die kilometerbreiten Schneisen und Grenzräume, über die Gras gewachsen ist, von deutsch-deutscher Geschichte. Nachts blühen keine Landschaften, bleiben nur verschwommene Visionen. Im Radio überschlagen sich die Nachrichten von einer scheinbar neuen, skandalösen Realität: Mehr als zehn Jahre soll eine Neonazi-Zelle aus Zwickau mordend durchs Land gezogen sein, ohne dass Sicherheitsbehörden davon Kenntnis gehabt haben wollen. Neun tödliche Anschläge gegen Migranten, ein Mord an einer Polizistin. Und auch die politischen Funktionäre geben sich völlig überrascht. Da kommt sie wieder auf, die Fassungslosigkeit, die Wut – über all die deutschen Lügen, die betrogenen Sehnsüchte. Ach du mein schauriges Vaterland.

Die aufgehobene Zeit

Ein Land im Stau. Schon am frühen Morgen geht auf der Autobahn A5 Höhe Frankfurt nichts mehr. Stillstand. Im Seitenfenster wird die Skyline der europäischen Finanzmetropole zum stehenden Bild. Mainhattan, das Symbol dafür, dass der Weg das Ziel ist, dass alles immer vorangehen muss, immer weiter, immer mehr. Es ist das oberste Gebot in den verglasten Geldkathedralen und die Religion der smarten Parketttänzer am Börsenplatz. Kreisläufe haben hier wohl nichts zu suchen, die tradierte Fortuna-Vorstellung von Glück und Schicksal schon gar nicht. Erinnerungen an ein Experiment. »Muße für Manager« hieß harmlos der Titel der Veranstaltung. Am Eingang des Meeting-Rooms hatte eine durchgestylte Assistentin Mineralwasser, Saft und Häppchen kredenzt, drinnen saßen vierzehn Entscheidungs- und Krawattenträger aus dem Mittelstand, die feinen Jacketts hatten sie abgelegt. Mußemäßig. Auch eine Entscheidungs- und Rockträgerin verlor sich im vollklimatisierten Raum. Am Anfang war die mächtige Runde noch entspannt, fast heiter. Der Muße-Referent hatte eine gewagte These formuliert: Manager haben zu Gedichten einen viel engeren Bezug, als sie wahrhaben wollen. Eigentlich sind sie die besseren Lyriker. Denn Manager treffen manche wichtigen Entscheidungen intuitiv, aus dem Bauch heraus, und schieben dann Erklärungsmuster nach. So, wie Lyriker Gefühle, Lebenserfahrungen und Ereignisse in kurzer Form verdichten. Gute Lyrik sei daher keine sentimentale Herz-Schmerz-Veranstaltung, sondern die rationalste Form von Dichtung. Und damit Management-kompatibel. Die Entscheidungsträger räusperten sich. »Interessant, sehr interessant«, sagte ein Leitender mit lässig-gewichtiger Gestik, die ihn noch etwas leitender wirken ließ als die anderen. Ein Kollege hob augenzwinkernd den rechten Zeigefinger: »Das heißt aber hoffentlich nicht, dass wir unsere Bilanzen jetzt in Reimen erstellen müssen?« Da lachte die mächtige Runde.

Doch dann ging es ans Glück. Der Referent warf das mittelalterliche Bild der alten Fortuna an die Wand, die unaufhörlich ihr Rad antreibt und die Herrschenden darauf aufsteigen und runterpurzeln lässt. »Im kulturgeschichtlich tradierten Glücks-Denken ist nicht Fortschritt, das Immer-Weiter Ausdruck höchsten Glückes«, erklärte er, »sondern das krasse Gegenteil – Stillstand, der Moment ganz oben auf dem Rad, wenn der Kreislauf für einen Augenblick stoppt. Verweile doch, du bist so schön.« Das Wort Stillstand hatte er betont langsam und breit ausgesprochen. Jetzt richteten sich die Manager in ihren Sesseln auf. Manche schüttelten den Kopf. Sie wirkten irritiert, mehr noch: verärgert. »Es wäre zu diskutieren, ob ein solches Denken noch in unsere Zeit passt«, sagte ein Boss knapp. Andere nickten heftig. Dann widmete man sich rasch dem lockeren Talk unter Chefs. Der Muße-Referent stand etwas verloren im Raum.

Einige Wochen später aber meldete sich einer der Bosse bei ihm. Er klang gereizt am Telefon. »Sagen Sie mal, das mit dieser Fortuna und diesem Kreis, was sie da erzählt haben, das geht mir ziemlich gegen den Strich.« Dann sprach er ohne Punkt und Komma. »Ich fange damit nichts an. Natürlich gibt es ein Auf und Ab, aber wenn man gut ist, hält man sich immer oben oder man kommt noch höher. Man muss es nur wollen, dann schafft man das auch. Ich habe es jedenfalls geschafft.« Dann kam, ziemlich unvermittelt, jener Satz, der aufhorchen ließ: »Dieses ständig Kreisende hat man auch auf der Uhr.« War es das, was den Manager so irritierte und regelrecht aufregte? Bei aller Macht, die er sich geschaffen hatte: Gegen die Zeit kann auch er nichts ausrichten, der Uhrzeiger dreht sich immer weiter und weiter. Irgendwann sind seine Konkurrenten jünger, deutlich jünger. Hatte er Angst, dass sie ihn bald überholen könnten, so wie er damals, auf seinem eigenen Karriereweg, an seinen Konkurrenten vorbeigezogen war? Der Gedanke hat etwas Paradoxes: Was den Kreislauf des Glücks und des Schicksals angeht, wehrt der Manager sich gegen das Moment des Stillstandes. Weil er in seinem Denken Rückschritt bedeutet. Geht es aber um die Zeit, wünscht er sich wohl mitunter, dass er sie anhalten könnte, dass sie stillstehe.

Kann man die Bewegung der Zeit anhalten und den in ihr gefangenen Menschen aufheben? In Frankfurt spielt ein Roman, der um diese Denkmöglichkeit kreist. Die Hauptfigur trägt das Glück in ihrem Namen: *Felix Guttmann*. Der Roman von Peter Härtling handelt von der Lebensgeschichte des jüdischen Rechtsanwaltes Dr. B.. Er war ein Freund Härtlings, 1977 starb er bei einem Unfall in Frankfurt. Von dessen Vergangenheit hatte der Schriftsteller nur erfahren, dass er 1948 mit einem israelischen Pass nach Deutschland zurückgekehrt war. »Ich habe ihm, um ihn zu finden, einen anderen Namen gegeben: Felix Guttmann«, schreibt Härtling im ersten Kapitel. Es entsteht eine Geschichte, in der immer wieder die »Bewegung von Zeit«, Geschehnisse, Entwicklungen von den 1920er-Jahren bis zu Hitlers Machtergreifung und der NS-Herrschaft im persönlichen Schicksal von Felix Guttmann aufgezeigt werden. Felix, der Glückliche, »eingepuppt in seine Geschichte«, steht dem allem passiv gegenüber. Er zaudert, handelt nicht, auch nicht, als sich der Nazi-Terror immer stärker abzeichnet. Erst am 5. April 1933 – einem konkreten Zeitpunkt – »richtete er sich auf, handelte, verließ seine Insel«. Nach einem Verhör bei SS-Hauptscharführer Adolf Eichmann wird die Gefahr für den jüdischen Anwalt immer größer. Er kann fliehen.

Felix, der Zauderer, entkommt den Fängen der Nazis. Sein engster Freund und seine Geliebte – beides Menschen, die handeln – sterben in Gestapohaft. »Zwar wird ihn das Glück, das ihm mit seinem Namen verschrieben wurde, nie verlassen. Doch angefochten wird es werden«, heißt es im Roman. Felix, dessen Name für Glück steht, bleibt verschont, weil er die Bewegung von Zeit und Geschichte unbeachtet lässt und damit unbewusst negiert.

Am Ende des Romans vereinigt Härtling die Figur Felix Guttmann mit der historischen Gestalt des jüdischen Rechtsanwalts Dr. B., der im Juni 1977 in Frankfurt Opfer eines Verkehrsunfalles wird. Im Schlusskapitel steht: »Der Rettungswagen wird ihn ins Krankenhaus fahren, wo er drei Tage später stirbt. Aber ich komme allen zuvor, hebe ihn auf, er wird leicht auf meinen Armen, und bringe ihn zurück zu dem grünen Floß im Hof.« Eine Kreisbewegung zurück an den Romananfang, markiert im allerletzten Satz, dem Ruf des Kindermädchens: »Felix, ruft Elena.«

»Sind Sie ein Fortuna-Autor?« Peter Härtling schmunzelte, als ihm, aufgeregt und erwartungsvoll, diese Frage einmal gestellt wurde. Der Schriftsteller, der seinen Romanfiguren nach-denkt, schien mit dem Finger einen imaginären Kreis in die Luft zu zeichnen. Dann sagte er: »Ich wollte diesen realen Lebenslauf für die Gegenwart und Zukunft aufheben und damit die gelebte Person noch einmal leben lassen.«

Wir sind Fremde

Tübingen, »wo der Neckar promoviert«. So viele Gedanken und Träume, die hier schon gedacht und geträumt wurden. So viele Denker und Denkwelten, die sich fanden oder aufeinanderprallten, Namen mit Geschichten und Geschichte. Hegel, Fichte, Schelling, Hauff, Mörike, Hölderlin, Hesse, Bloch, Carlo Schmid, Theodor Eschenburg, Walter Jens, Hans Küng. So viele Sehnsüchte, die in dieser Stadt gelebt oder begraben wurden. Am nahe des Wassers gebauten Turm, aus dem heraus der Dichter zuweilen fremd und kalt klingende Gedichtfetzen in die Nacht schleuderte, haben sie inzwischen den Satz übertüncht, der viele Jahre schwäbisch-sympathisches Verständnis für den Kranken und Gekränkten ausgedrückt hatte: »Dr Hölderlin isch net verrückt gwea«. Nebenan auf der Neckarmauer sitzen immer noch die Studenten, im Palaver oder Diskurs, sich sonnend oder küssend, wie eh und je. Als ob Zeit sich entschleunigen würde. Aber nur hier, am Neckar. In den Hörsälen und Seminarräumen der Eberhard-Karls-Universität diktiert der strenge Stundentakt der Bachelor-Bleiche. Kanalisiertes Wissen. Blicke zur Seite, über den Tellerrand hinaus, stören den Masterplan.

Erinnerung an frühere, andere Tübinger Uni-Tage. Im germanistischen Grundstudium musste man auch in der Mediävistik ein Proseminar besuchen, das war Pflicht. Mediävistik? Dieses Wort schmeckte schal, nach kalter Kost, in der man vermutlich so lustlos rumstochern würde wie in der Mensa-Pampe. Und es klang in etwa so spannend wie die Liste der Lehrinhalte, die im Vorlesungsverzeichnis standen: Ablaut, Umlaut, erste und zweite Lautverschiebung, Monophthongierung, Diphthongierung. Ältere Semester hatten empfohlen, das unvermeidbare Proseminar in Mediävistik bei Professor Theo Schumacher zu machen: »Formen und Motive mittelalterlicher Lyrik«. Sie hatten dabei merkwürdig gelächelt. Als ob ein Abenteuer anstünde. Oder ein Abgrund. »Der ist anders als die anderen Profs«, hatten sie behauptet, »aber auch schwieriger.«

Dann saß man im Schumacher-Seminar – und in einer völlig anderen Welt. Im Anfang war der Text. Mittelhochdeutsch, Walther von der Vogelweide, Wolfram von Eschenbach, Morungen, Neidhart von Riuwental. Es waren wildfremde Texte, verfasst von Dichtern, die Galaxien vom Heute entfernt schienen. Uralte Klamotten, wie befürchtet. Doch plötzlich lagen daneben moderne Texte: Paul Celan, Ingeborg Bachmann, Ulla Hahn. Dieser Professor jagte seine Studenten vom Mittelalter in die Gegenwart und wieder zurück. Er stellte eine Verbindung von Minnedichtung zu moderner Liebeslyrik her, zeigte auf, wie früh schon sich selbstbewusst ein Ich artikulierte, sich in Bezug zu Gott und der Welt stellte – und zuweilen gegen die Norm. So viel Gegenwart hatte man dem steinalten und dunklen Mittelalter nicht zugetraut. Theo Schumacher, mit seiner eloquenten Sprache, der leicht gebückten Haltung und der stets glimmenden Pfeife im Mund ein Professor wie aus dem Lehrbuch, legte Schicht für Schicht dieses andere »moderne« Mittelalter frei.

Vor allem aber machte er bewusst, wie mit Texten umzugehen ist. Man müsse sie ernst nehmen, sie auf jeden Satz abklopfen, auf jedes Wort, jedes Subjekt und Objekt, jedes Pronomen, jede rhetorische oder stilistische Figur – damit man die Struktur eines Textes erfasse, das Webmuster. »Form ist Inhalt«, betonte er gebetsmühlenartig. Las Schumacher Texte vor, hochkonzentriert, steckte eine Hand in der Jacketttasche, mit der anderen zeichnete er den Rhythmus der Sprache in die

Luft. Äußerte ein Student eine »Idee« vom Text und huschte er in seiner Interpretation wortreich-wolkig über die konkreten Textgegebenheiten hinweg, fuhr dieser Professor aus der Haut. Dann konnte er lospoltern, dass die Pfeife wackelte: »Texte ernst zu nehmen, sich mit ihnen zu befassen, sie zu begreifen, bedeutet, dass man sich selbst zurücknimmt und infrage stellt.« Es war ein typischer Schumacher-Lehrsatz. Er meinte es immer konkret, bis in den Wortsinn: be-fassen, be-greifen. »Das Allgemeine liegt im Besonderen. Und das Besondere im Allgemeinen.« Er konnte einen infizieren, mit seinem Ansatz, die Dinge zu benennen, unter die Oberfläche der Wörter zu blicken, Sprache, diese abgegriffene Münze, wieder blank zu putzen, Texte zu be-greifen – in ihrer Lebendigkeit und mit all den Sehnsüchten, die sie benennen.

Auf der Tübinger Neckarmauer sind zwei bedruckte Seiten ausgebreitet. Auf der einen steht das schlichte, fast naive Liebesgedicht in mittelhochdeutscher Sprache: »Du bist mîn, ich bin dîn …« Kommentare sind am Rand hingekrakelt, die Schrift ist schon leicht verblasst: »So einfach das Gedicht klingt, so elementar ist seine formale Struktur. Das Du und das Ich ist jeweils Subjekt und Objekt, beide wechseln vom Subjekt zum Objekt und umgekehrt, verbunden durch das Sein, als Verb. Daraus entsteht eine Einheit, symbolisiert in der rhetorischen Figur des Chiasmus. Eine Liebe unter Gleichwertigen, ohne Hierarchie, eine Gleichheit in der Verschiedenheit. Ein

Liebesideal, das archaisch anmutet, vom Heute aus gesehen.« Auf dem zweiten Blatt steht eine Passage aus *Sprachgitter*, dem Gedicht von Paul Celan:

> Wär ich wie du. Wärst du wie ich.
> Standen wir nicht
> unter einem Passat?
> Wir sind Fremde.

Was im mittelalterlichen Liebesgedicht feststeht, »du bist mein, ich bin dein«, ist jetzt nur noch gedachte Möglichkeit, Konjunktiv: Wär ich wie du, wärst du wie ich. Celan, der Dichter der *Todesfuge*, gilt als schwieriger Lyriker, dunkel und hermetisch seien seine Gedichte, heißt es. Doch wie klar, schmerzhaft klar drückt sich in diesen Zeilen die Frage danach aus, was nach dem Holocaust noch sagbar ist, ob und wie in deutscher Sprache, seiner Sprache und die der Verfolger, ein Dialog wieder möglich ist. Ein Denk- und Sprechraum zwischen Nichtmehr und Noch-nicht. »Standen wir nicht unter einem Passat?« In dieser Frage wird gemeinsame Vergangenheit angesprochen. Ein Stück Gemeinsamkeit, aber infrage gestellt. Und dann dieser Satz: »Wir sind Fremde.« Immer wieder hatte der Germanistikstudent diesen Satz gelesen und mit dem Professor darüber geredet, immer wieder, bis es ihm bewusst geworden war: Das »Wir« ist möglich, es kann ausgesprochen werden, vielleicht sogar gelebt werden, als Sein – wenn das Fremde zugleich mitgedacht wird. Das Fremd-Sein muss bewusst sein, das Andere, die Distanz, nur so kann wieder ein Dialog entstehen, ein Bezug zwischen Ich und Du. »Wir sind Fremde.« Welch ein – positiver – Satz. Der bis heute wirkt. Wie hohl und abgedroschen erscheint dagegen die in politischen Fensterreden so häufig traktierte Worthülse vom sozialen und interkulturellen Miteinander.

Unterm Rad, auf dem Gipfel

Weiter auf dem Weg, schnurgerade den Rhein entlang, südwärts. Im Dreiländereck ätzen Chemiefabriken die Romantik der Talauen weg. Halt am Basler Münster, Blicke nach oben, auf das 16-teilige Radfenster unter der Galluspforte. Da ist sie wieder, die Grande Dame des Glücks. Das sandsteinerne Rad symbolisiert ihr altes Spiel: Menschliche Gestalten klammern sich an die Sprossen der Felge, die einen steigen auf, die anderen verlieren den Halt. Wer runterfällt bei diesem Kreislauf, liegt unterm Rad. Früher thronte Fortuna noch mächtig am Basler Münster, im Scheitel des Rades, im 18. Jahrhundert wurde die Figur ersetzt, ist zu lesen. Welche Merkwürdigkeit: Das Symbol des mächtigen Schicksals ausgerechnet an einer Kirche. Eigentlich musterte das Christentum ja antike »heidnische« Göttinnen aus. Dass die Fortuna im christlichen Mittelalter sozusagen durchgerutscht und ihr Rad heute noch so präsent ist, dürfte mit an der großen Anschaulichkeit dieser Symbolik und des dahinterstehenden Denkmusters liegen: Glück, Schicksal und auch Zeit als unaufhaltsame kreisende Bewegung. Es ist ein schwindelerregendes Stück Leben. Die Beständigkeit des Unbeständigen.

Dann geht es nach oben. In die Berge. Fahrt über die Alpen. Auch so ein Sehnsuchtsraum, emotional besetzt, klischiert und zur Hochsaison oft massiv bevölkert. Scheint die Sonne und putzt sich das Panorama heraus, kommen pfiffige Murmeltiere mit den Warnrufen kaum nach. In Gruppen marschieren Menschen auf den Höhenwegen, bilden Schlangen an den Scharten. Traditionalisten in Kniebundhosen, roten Socken und ordinären Anoraks wandern neben funktionsbekleideten Outdoor-Climbern. Manche Aufsteiger bestimmen GPS-gewappnet akkurat ihre Position. »Bin jetzt auf 2.098 Meter. Für die Strecke sind drei Stunden veranschlagt, ich habe nur zweieinhalb gebraucht«, sprechen sie laut ins Handy, von oben herab. Alpiner Lifestyle: Baumgrenzen überwinden, Höhenluft spüren, in Rekordzeit ganz nach oben kommen. In den Hütten werden abends dann lautstark die Erfolgsmeldungen vom Tag ausgetauscht. Mitunter klingen sie wie Börsentrends: Greifsspitze 2.370, Schafskopf 2.635, Adlerstein 2.840.

Doch am Berg verstummen die meisten Lautsprecher. Wenn es frühmorgens, noch in der Dunkelheit, erst über grüne Matten geht, dann der Weg immer schmaler wird und nur noch Stein ist, Schritt für Schritt auf felsige Terrassen führend, immer höher. Wenn es langsam hell wird, dunkle Felsenschächte Konturen bekommen und Schneefelder im ersten Licht zu leuchten beginnen, und wenn der letzte Grat überquert wird, der Gipfel erreicht ist, die Sonne glutrot im Osten sich ballt und Hunderte von hellgrauen Zacken an den Himmel stoßen. Dann hat die Sehnsucht ihren Ort, dann haben die Bilder etwas Mystisches. Und Religiöses.

In Serpentinen führt die Straße vom Reschenpass hinunter ins Vinschgau, in diese wellige Landschaft, in der sich die Bäume vor dem ewigen Wind verneigen. Der weiße festungsartige Bau, der in einer Hangmulde thront, zieht den Blick auf sich. Das Kloster flößt Respekt ein, hoch über Mals scheint es autoritär über die kleine Welt des Südtiroler Ortes zu wachen. Ein Abstecher zum Glauben. Hinter den Mauern der Benediktinerabtei Marienberg ist es still, im Innenhof, wo sich der Eingang zu einem Museum befindet, verlieren sich am Morgen nur wenige Besucher. Klostertüren öffnen sich, leise knarrend. Mönche treten schweigend heraus, die Hände gefaltet, sie grüßen die Fremden mit einem freundlichen Nicken und gehen bedächtig weiter. Die Ruhe dieses Ortes beginnt zu wirken, sie macht die eigenen Schritte langsamer und weitet die Gedanken.

Dann, ziemlich schüchtern oder eingeschüchtert, die Frage, die hier wahrscheinlich fehl am Platze ist: »Spielt für sie Glück eine Rolle – Glück im alten Sinne der Fortuna?« Der Gast verschluckt sich fast, als er den Padre anspricht, komisch kommt er sich vor mit seinen ständig kreisenden Überlegungen. Doch der alte Mönch lächelt verständig. »Natürlich. Wir beschäftigen uns im Konvent immer wieder mit dem Motiv der Fortuna und des sich ständig drehenden Rades. Und wir diskutieren darüber, inwiefern es christlich ist oder nicht.« Er bittet den Fremden in ein Klosterzimmer, das wie eine Studierstube aussieht. Der Mönch geht an ein großes Bücherregal, holt einen Band heraus und beginnt darin zu blättern. Dann zeigt er dem Gast das aufgeschlagene Kapitel. »Diese Abhandlung handelt von der Fortuna und der Geschichte ihrer Symbolik. Tenor unserer Diskussionen ist immer wieder, dass das Rad mit seiner Kreisbewegung im Diesseits anzusiedeln ist.« Jetzt geht der Mönch auf und ab, nachdenklich, dann nickt er, als ob er sich selbst etwas versichern wollte. »Im Kreis sehe ich als Erstes den Kreis der Gläubigen, die Gemeinschaft, sie wollen wir hier in den Gemeinden stärken. Dazu ist der Kreis ein sinnvolles und schönes Symbol.« Dann versinkt der alte Padre wieder in Gedanken. Minutenlang schweigt er, wiegt den Kopf hin und her. Schließlich sagt er: »Ja, die Kreisbewegung der Fortuna findet nur im Diesseits statt.« Er macht eine Pause. »Ins Jenseits führt eine andere Bewegung – die einer Spirale.« Der Gast schaut den Mönch lange an, fragend, dann tippt er sich an seine Stirn und sagt aufgeregt: »Das heißt, der Glaube an Gott bringt den Kreis in eine neue, andere, sozusagen höhere Bewegung und überwindet ihn damit?« Der Padre nickt. Und faltet seine Hände.

Italienische Improvisationen

Wenn die Häuser nicht mehr quadratisch, praktisch sind, sondern eher schräge Improvisationen, beginnt es nach Süden zu riechen. Die Autobahnraststätte Rovereto anfahren, beim Aussteigen die warme Luft auf der Haut spüren, und drinnen wie immer »due cappucino, per favore« bestellen: Das Ritual ist seit Jahrzehnten dasselbe geblieben, das Touri-Italienisch nicht besser geworden. Das Mittelmeer beginnt am Gardasee. Von Malcesine an klingen die Ortsnamen wie vertraute fremde Melodien, und die angesteuerten Ziele der ganz eigenen italienischen Reise formen sich zu einer Collage alter Sehnsüchte. Der Balkon in Verona, natürlich. Auch wenn der legendäre Liebesort konstruiert ist, eine touristische Marketingmaßnahme, und sich im Innenhof die Kundschaft wie beim Sommerschlussverkauf auf die Füße tritt, meint man die Nachtigall zu hören, den Nachtvogel, der seinen Schnabel halten kann und Romeo und Julia nicht verpfeift wie die Lerche, der Tagvogel. Man muss nur intensiv genug daran denken. Oder davon träumen. Über dem Hauptportal der Basilika San Zeno prangt das Glücksrad-Motiv. »Wer auf mich setzt, wird der Lächerlichkeit preisgegeben«, warnt die Fortuna in einem steinernen Vers. Drunter gehen die Menschen ihrer Wege.

Toskana. Tagträume in dieser ausschweifenden Landschaft voller grün-brauner Wellen, mohnrot durchsetzt, auf denen genüsslich weiß-graue Gemäuer sitzen und Zypressen sich gar nicht züchtig zuspitzen. Und dann kontrastreiche Realitäten. San Gimignano ist fest in der Hand touristischer Kreuzfahrer aus Deutschland, Frankreich, den USA und Japan. Unter azurblauem Himmel marschieren sie in Truppenstärke durch das Mittelalter, belagern das Einfallstor, stoßen vor zur Piazza Cisterna und Piazza Duomo. Schwer bewaffnet mit digitalen Kameras und Reiseführern dringen sie ein in den Palazzo del Podestà (»mit offener Bogenhalle«), in den Palazzo del Popolo (»mit schönem Innenhof«) oder in die umliegenden Eisdielen. Romantiker, von Piazza-Angst gepackt, fliehen zu den Rocca, steigen die Treppen hoch zu den Ruinen der ehemaligen Festung und blicken auf die mittelalterliche Skyline des Städtchens. Plötzlich erklingt Musik. Über San Gimignano, an einem besonders schönen Aussichtspunkt, sitzt ein junger Mann an einem Cembalo und spielt Bach. Mit geschlossenen Augen.

Am frühen Abend liegt Siena in mildem Licht. Auch so ein Traumbild: die hügelige Häuserlandschaft mit den roten Backsteinmauern, die engen Gassen, hohen Palazzi, der schwarz-weiß gestreifte Dom – und das muschelförmige Herzstück, die Piazza del Campo. Beim traditionellen Pferderennen des Palio jagen hier Reiter durchs Oval, jetzt sitzen junge Menschen auf dem warmen Campo-Boden und lauschen einem Gitarrenspieler in ihrer Mitte. Er spielt Liebessongs, John Denver, Cat Stevens, Leonard Cohen, auch Robbie Williams und Eros Ramazzotti. Pärchen schmusen dabei, küssen sich, eng umschlungen. Unterm Pflaster liegt der Strand.

Richtung Rom geht es. An der Straße am Meer, nahe Grosseto, erzählt ein Schild einen Roman: »Montecristo«. Irgendwo dort draußen im Dunst, da dreht sich die Geschichte, auf der unbehausten Insel, wo der Seemann Edmond Dantès den Schatz findet und Rache schwört. Diese feigen Biedermänner in Marseille, Danglars, Fernand und der Staatsanwalt Villefort, haben ihm sein Leben, seine Liebe und seine Sehnsucht genommen, aufgrund ihrer Intrigen verrottete er für eine Ewigkeit in einer Gefängniszelle. Sein Unglück, sein Abstieg in die Hölle der Haft brachte ihnen den Aufstieg zu Macht und Reichtum. Doch jetzt wird er das Schicksal selbst bestimmen, ihr Schicksal. Er selbst wird das Schicksal sein, als Graf von Monte Christo. Am Ende werden diese Intriganten, seine Feinde, vernichtet, tot oder verrückt sein. Doch am Ende wird diese Fortuna-Geschichte auch die Frage nach seiner eigenen Schuld aufwerfen. Es ist ein Abenteuer, diesen Roman von Alexandre Dumas zu lesen. Früher, in der Jugend, und genauso heute.

Römische Wege und Kreise. In der dunklen Via nahe des Kapitolhügels wirft die Nacht besonders lange Schatten. Auf den Stufen hoch zu der Ruine des antiken Fortuna-Tempels sitzen junge Männer. Es sind Stricher. Ältere Freier gehen auf sie zu, verhandeln routiniert. Das Glück verkehrt auch in diesen Kreisen. Krasser Szenenwechsel: An der Villa des Maltesischen Ordens sind zwei Carabinieri auf nächtlicher Patrouille, mit Maschinenpistolen bewaffnet. Ein junges Paar beachtet sie nicht, beide schauen abwechselnd durch ein großes Schlüsselloch an der Tür des prächtigen Gebäudes. Sie stoßen sich an, tuscheln aufgeregt miteinander, blicken wieder durchs Schlüsselloch. Ein visuelles Geheimnis verbirgt sich dahinter, ein kleines Wunder: Der Petersdom, etwa zwei Kilometer entfernt, erscheint in der Direktive, wie ein Votiv. Der Weg ins halbrunde Heiligtum, en miniature. Und in der römischen Nacht legt Astrid, eine gebürtige Brasilianerin, die der Liebe wegen in die Ewige Stadt zog, dem Glücks-Reisenden das Tarot. Sein aktueller Zustand steht auf der Karte La Torre, dem Turm: völliges Chaos. Die Frau mit den langen schwarzen Haaren hebt die Augenbrauen. Kein gutes Zeichen. Dann deckt sie die Karte auf, die sein Ich darstellt. Sie schreit: »Es ist die Fortuna!« Incredibile.

Auf der Autostrada durch Kalabrien flirrt die Luft. Immer heißer wird es. Die wilde Küstenlandschaft wirkt ausgebrannt. Am Rande einer kleinen Stadt steht ein prächtiger Hotelneubau, der Platz für Hunderte von Gästen hat. Doch nur drei Autos parken davor. Reale Kundschaft ist nicht vonnöten, das Geschäft läuft auch so. Das Geisterhaus ist eine reine Geldwaschanlage, erzählen Kenner der ehrenwerten Gesellschaft. Gianfranco kennt viele Gesichter der Ndrangheta, wie die Mafia am italienischen Stiefel heißt. Er weiß genau, wo die Herren sitzen, wenn er in Amantea in eine Bar oder in ein Restaurant geht. Sie lassen ihn sehr diskret wissen, dass sie es nicht mögen, wenn er über sie spricht. Und über ihre kriminellen Geschäfte. Doch Gianfranco redet, ruhig und konzentriert erklärt er den deutschen Journalisten das System der Ndrangheta. Mehrere Stunden lang, immer wieder gibt er den Zuhörern zu verstehen, dass er Vertrauen zu ihnen hat. Bis am Ende einer von ihnen diese merkwürdige Frage stellt: ob er die Fortuna kenne und ihr Kreis-Motiv? Plötzlich kneift Gianfranco die Augen zusammen. Seine Stimme wird eisig. »Was sind das für Anspielungen?« Natürlich kennt er das Mafia-Ritual, wenn junge Männer in den Clan aufgenommen werden. Die Bosse bilden dabei einen Kreis. Hatten junge Mafiosi schon bei ihrer Taufe einen Paten, gehen sie mit beiden Beinen in den Kreis. Die anderen mit einem Bein. Der deutsche Gast schüttelt den Kopf. »Kennst du nicht das Glücksrad?« Jetzt hellt sich Gianfrancos Miene wieder auf. Er atmet durch. »Ach, das meinst du, das Glücksrad aus dem Fernsehen. Sag es doch gleich!«

So viele Wege und Kreise auf dieser Reise, so viele Sehnsuchtsorte. Die Nord-Süd-Etappe ist absolviert. Doch als am süditalienischen Strand das Meer braust und der Rotwein ins Glas rauscht, beginnen die Gedanken sich immer wilder zu drehen. Plötzlich ziehen die Kinder von Bullerbü mit Werther los, um mit einem färingischen Bauer über das WM-Tor von Gerd Müller zu fachsimpeln. Ein alter Mönch malt eine Spirale an den Himmel, während Glückssucher mitten in der Toskana mafiösen Mittelstandsmanagern erklären, wie man die Zeit aufheben kann. Am nächsten Morgen fühlt man sich irgendwie gerädert.

Ritter, Rituale, Roundabouts

Das Meer ist wütend. Hohe Wellen rollen auf die gewaltigen Felsen zu, zischen vor Gischt, explodieren und fressen sich dann in alle Poren des grauen Steins. Immer und immer wieder schlägt der Atlantik gegen die Westküste von Cornwall, der Wind treibt ihn zu ständig neuen Attacken an. Flatternde Menschen ducken sich oben auf der schmalen Landzunge, klammern sich an Geländer und wagen kaum weiterzugehen auf dem steilen Weg in die sagenhafte Welt. Tintagel Castle ist an diesem Herbsttag ein unwirtlicher, fast abweisender Sehnsuchtsort. Als ob es Artus stören würde, dass man ihm und seiner abenteuerlichen Geschichte nahekommt. Der legendäre König, der hier gezeugt worden sein soll, und seine Tafelrunde haben seit dem Mittelalter die Dichter beschäftigt. Der Stoff, aus dem die Artusromane eines Chrétien de Troyes oder Wolfram von Eschenbach sind, kreist um die Geheimnisse des Lebens. Deshalb bewegen uns die Geschichten bis heute: der Aufstieg des Helden, dann der Konflikt und die Krise, die ihn anfällt und bedroht, er geht erneut los, um sie zu überwinden und am Ende noch strahlender zu erscheinen. Fast wie die Gralssuche im wirklichen Leben.

Zwischen den alten Gemäuern, im tosenden Wind, scheint eine Gestalt aus einer dieser Geschichten aufzutauchen, fremd und doch irgendwie vertraut. Ein junger hübscher Mann in prächtiger Ritterrüstung, unter der ein Narrenkleid hervorschaut. Traurig irrt er umher, zweifelnd an sich, verzweifelt. Er ist schuldig geworden, hat Leid über Menschen gebracht. Um an Pferd, Waffen und die Rüstung zu kommen, hat er sogar einen Mann erschlagen, den roten Ritter. Und jetzt, als er ganz oben, im Festsaal des Artushofes, angelangt war, den Gral vor Augen, da hat er versagt. Er versäumte es, die Frage nach dem Leiden des Burgherren zu stellen. Parzival ist tumb, einfältig. Im Glauben, richtig zu handeln, weil ihm alles so gesagt worden war, und weil er so erzogen wurde, abseits der Welt, im Wald von Soltane, handelt er falsch. Einfalt bedeutet aber auch, nicht zwiespältig zu sein. Parzival lernt, entwickelt sich, erkennt die Folgen seines Fehlverhaltens, er geht seinen Weg, den zweiten Weg, der ihn schließlich doch zum Gral führt. Die zweite Chance. Der Aufstieg nach dem Scheitern. Der späte Erfolg. Wie modern die uralten Romanszenen plötzlich sind.

Und eine andere Szene aus der mittelalterlichen Literatur kommt einem in den Sinn: die Rede der Gyburg im Epos *Willehalm* von Wolfram von Eschenbach. Die ehemalige Heidin, die zum Christentum konvertiert und die Frau Willehalms wird, ist eine faszinierende Figur – in ihrer Sehnsucht nach Frieden in einer von Hass und Krieg erfüllten Welt. Sarazenische und christliche Truppen kämpfen im Süden Frankreichs gegeneinander, unerbittlich, martialisch. Und da erhebt diese Frau ihre Stimme, mitten im Kriegsrat der Männer. Willehalm, ihr Mann, hat zuvor gemahnt, Christus nicht zu verraten und das Land den Heiden zu überlassen. Kriegspropaganda. Doch Gyburg, die beiden Lagern verbunden ist, redet den Kämpfern ins Gewissen: »Hoert eins tumben wîbes rât,/ schônt gotes handgetât« – schont Gottes Geschöpfe, verschont die besiegten Heiden, sie sind Geschöpfe Gottes wie die Christen. Eine Toleranzrede, Jahrhunderte vor Lessings *Nathan der Weise* oder jenem »interreligiösen Dialog«, der seit dem 11. September 2001 so wortreich beschworen wird. Eine Toleranzrede im gar nicht stockdunklen Mittelalter. Die Gedanken verfliegen. Der Wind auf Tintagel schwächt ab, das Meer zieht sich zurück. Touristen zücken ihre Digitalkameras und nehmen Bilder mit von diesem sagenhaften Ort.

Fortuna hätte auf der Insel ihre helle Freude. Kreise und die Wege durch den Kreis sind very british. Roundabouts, wohin man fährt. In Swindon trägt der Kreisverkehr sogar Magie im Namen, im »magic roundabout« kann's dem Autofahrer fast schwindlig werden. Derweil staut sich der Verkehr auf dem Weg zum berühmtesten Kreis aller britischen Kreise. Im Schneckentempo, Stoßstange an Stoßstange, rückt das Massenpublikum der Mystik näher. Der Parkplatz ist längst überfüllt, auf den Wiesen stehen auch schon Kolonnen. Stonehenge ist Kult.

Die Völkerwanderung zum Kreis der steinernen Riesen ebbt den ganzen Tag nicht ab. Viele haben ihr ganz eigenes Ritual, diesen mystischen Ort zu erleben. Andächtig stehen manche vor den Steinen, zeichnen mit einer ausgestreckten Hand den geheimnisvollen Kreis nach, sinnieren. »Es ist, als ob man vor einem archaischen Stück Leben steht«, sagt eine Frau zu ihrer Freundin, »ich versuche mir vorzustellen, was die Menschen an dieser Kultstätte getan und gedacht haben. Vor so langer Zeit.« Ein älterer Mann im Cordanzug erklärt seiner Frau die Ausrichtung des Steinkreises: dass die Sonne am Mittsommertag, wenn sie am nördlichsten stehe, direkt über Stonehenge aufgehe und ihre Strahlen in gerader Linie ins Innere des Steinkreises eindringe. »Magic«, sagt seine Gattin und schaut verzückt auf das merkwürdige

Rund. Ein Reiseführer, der ein England-Fähnchen hochhält, wird mit Fragen bombardiert: ob der Holzkreis, den man in der Nähe gefunden habe, für die Vergänglichkeit und der Steinkreis für die Ewigkeit stehe. Oder ob Holz das Leben symbolisiere und der Stein den Tod. Und wann genau Stonehenge gebaut worden sei, und wie lange das gedauert habe. »Dazu gibt es mehrere Theorien, die Experten sind sich nicht einig«, erklärt der Reiseführer und schwenkt dabei lustig sein England-Fähnchen. Als am Abend die Sonne rötliche Strahlen auf Stonehenge zu werfen beginnt und die Mystik etwas zur Ruhe kommt, leuchten die Steine. Vielleicht ist es aber auch die Sehnsucht, die sie leuchten lässt, in Gedanken daran, der Geschichte ein wenig auf den Grund gegangen zu sein, oder ein Teil von diesem Urkreis des Lebens zu sein. Stoßstange an Stoßstange verlässt das Massenpublikum wieder die Mystik. Die nächsten Roundabouts durchfährt man mit einem wissenden Lächeln.

London, am Abend. Schon wieder ein Kreislauf, diesmal als metallene Attraktion. Das riesige Auge funkelt blau. In den Kabinen drängen sich Menschen aus aller Herren Länder um die besten Plätze für den Weitblick. Leise surrt das Rad. Aufstieg. Big Ben schrumpft. Wenn der Himmel über London näher rückt, wirkt auch der Finanzdistrikt, wo sich alles um Geld und Gewinn dreht, fast lächerlich klein. Breit liegt die Betonlandschaft der Millionenstadt da, in den Straßenschluchten wuseln Ameisen, die spitzen Köpfe der Skyline sind kahl. Manches relativiert sich, wenn man es durchs »London Eye« betrachtet. Noch zwei, drei Drehbewegungen, dann ist die Topstellung erreicht. Der kurze Stillstand, ganz oben. »Aaah!« Dann wird Big Ben wieder größer, mächtiger. Und auch der Finanzdistrikt.

Dorthin, wo das Leben nicht rund läuft, strahlt das Londoner Auge nicht. In Lambeth oder Hackney, nur wenige Untergrundstationen von der glitzernden City entfernt, sind es die Blaulichter der Polizeiautos, die sich hier häufiger drehen als in anderen Stadtvierteln. Wenn die Sirenen schrillen, Ermittler aus den Wagen stürmen und kurz darauf Handschellen klicken, drehen sich Passanten kaum noch um. Kriminalität als Alltag: Drogen, Diebstahl, Raubüberfälle. Die Arbeitslosenquote ist hoch. Engagierte Bürger versuchen, in Freiwilligenarbeit die Menschen aus Teufelskreisen herauszuholen. Doch ihre wichtige Arbeit an den sozialen Brennpunkten kann von kommunalen Stellen kaum noch honoriert werden. Der rigide Sparkurs der britischen Regierung setzt selbst hier an, Stellen und Projekte wurden gestrichen. Gleichzeitig feiert man sich im monumentalen Rathaus der britischen Hauptstadt selbst für ein zehn Millionen Pfund schweres Gesundheitsprojekt: »Well London«. In Multimedia-Präsentationen sieht man Bürger tanzen, rudern, kochen, essen, malen, Theater spielen oder Musik machen. Viele Migranten sind darunter. Eine Vorzeigeshow des Hochglanzprojekts läuft in Hackney, Verwaltungsmanager beschwören in der örtlichen Bücherei den großen Erfolg von »Well London«, Bürger des Problembezirks applaudieren artig. Wenige Wochen später brennt es in Hackney, die gewaltsamen Ausschreitungen junger Menschen eskalieren gerade in diesem Viertel.

Als der Konservative David Cameron britischer Premier geworden sei, habe er recht schnell eine Bürgerbefragung machen lassen, erzählen Menschen in Hackney, mit bitterem Unterton in der Stimme. Die zentrale Frage habe gelautet: »Are you happy?«

Standing Ovations für den Stehblues

Manchmal beginnt London aber auch zu klingen. Sehnsuchtsmusik, mitten in der überfüllten Underground-Station »Westminster«. Menschen strömen Richtung Ausgang, in routinierter Eile. Manche heben den Kopf, horchen und bleiben kurz stehen. Ein Harfinist spielt *Scarborough Fair*. Zart streichen seine Finger über die Saiten. Einige summen das alte englische Volkslied. »Gehst du auf den Markt von Scarborough?/ Petersilie, Salbei, Rosmarin und Thymian, / Grüße jemanden, der dort wohnt, von mir, / Denn sie war einst meine Liebste.« Zauberklänge aus dem Untergrund. Man nimmt sie mit nach oben, auf die Straßen von London, in die bunte Welt am Piccadilly Circus. Auf einem kleinen Platz in der City geht eine alte Frau in Schwesterntracht Gitarrenklängen und einer Stimme nach. Sie bahnt sich den Weg durch Menschentrauben, den Kopf immer leicht zur Seite geneigt, als ob sie die Musik nicht aus den Ohren verlieren wollte. Dann steht sie vor dem Straßenmusikanten, er spielt einen alten Song von Cat Stevens. *Wild World.* Die Alte lauscht versonnen, sie greift in ihre Tasche, auf der ein Smiley aufgedruckt ist, holt ein paar Münzen aus ihrem Geldbeutel und wirft sie in die Mütze, die der Musikant auf den Boden gelegt hat. Er bedankt sich mit einem Kopfnicken. Bevor die Frau weggeht, legt sie einem fremden Mann die Hand auf die Schulter, zeigt auf den Straßenmusikanten und sagt selig lächelnd: »That makes us happy.«

Es gibt Songs, die klingen durch ein ganzes Leben und berühren uns, wenn wir sie hören. Sie gehören zu uns wie Bilder aus dem persönlichen Fotoalbum. Weil sie an ganz bestimmte Situationen erinnern und sie wieder lebendig werden lassen, für einen Moment, der trägt. Schöne Szenen, auch Szenen voller Sehnsucht oder Melancholie. Der erste Kuss, die erste Nacht, der Frust nach einem Streit, die Leidenschaft bei der Versöhnung, eine Trennung, ein Abschied. *Sailing* von Rod Stewart kann solch ein Song sein, *Lady in Black* von Uriah Heep, Elton Johns *Sorry seems to be he hardest word* oder der Stevens-Song *Father and Son* mit dieser Stelle, an der der allwissende Vater rät, ruhig zu werden, zu heiraten und sich niederzulassen, der Sohn sich aber einen Teufel drum schert: »There's a way, and I know that I have to go away«. Oder, natürlich, *Je t'aime*. Oder *Stairway to heaven*, weil der Song von Led Zeppelin so schön lang ist und damit mehr Zeit blieb für diese ganz langsame Drehbewegung, von der man hoffte, dass sie zum Stillstand kam und sich dann nur noch die Hände bewegten, hinunter zu ihrer Hüfte, unter ihr T-Shirt, auf ihre nackte Haut.

Der Stehblues ist wahrscheinlich der kleinste Kreis des Glücks. Getanzte Nähe, im warmen Dunkel des Partykellers oder der Disco, aufgeregt, erregend. Worte waren nicht unbedingt nötig, jedenfalls nicht in epischer Breite, das hätte die feine Dramaturgie gestört, die den Stehblues definiert. Worauf es ankam, war die Körpersprache zum richtigen Zeitpunkt, zur richtigen Ballade. Erste vorsichtige Signale, eine Hand in ihrem Haar, wie zufällig. Dann der zarte Versuch, sie ein ganz kleines Stück näher an sich zu ziehen. Und die Hoffnung, dass diese Signale erwidert wurden. Und dass Stillstand eintrat, höchstes Glück, bevor es wieder heller wurde und *Smoke on the water* oder *Satisfaction* aus den Boxen dröhnte. Solch filigrane Stufen amouröser Annäherung gibt es nur beim Stehblues. Bei Techno, House, Indie oder HipHop geht das nicht. Haben es die Jugendlichen heute nicht verdammt schwer?

Ihr Foto, das er ganz hinten in der Schublade seines Schreibtisches aufbewahrt hatte, ging irgendwann bei einem Umzug verloren. Doch dieser Stehblues ist noch immer präsent, mehr als 30 Jahre danach, dieser erste Stehblues mit ihr. Und die Ballade, zu der sie tanzten, immer enger, bis sie sich zum ersten Mal küssten. Er kannte den Song nicht, hatte ihn zum ersten Mal gehört, bei diesem Kuss. Wie hieß er, wer sang ihn? Er musste es unbedingt wissen. Tagelang suchte er die Plattenläden in seiner Umgebung heim, trällerte dort die Melodie vor, so wie er sie in Erinnerung hatte, mit diesem Mädchen und diesem Stehblues. Doch die Verkäufer schauten ihn nur verdutzt an, schmunzelten dann und zuckten mit den Schultern. An eine Stelle in diesem Song konnte er sich vage erinnern, irgendwas mit »I can't forget this evening«. Im Tübinger *Rimpo* horchte der Plattenverkäufer plötzlich auf. »Sing es noch einmal«, sagt er. Also trällerte er wieder los, ziemlich schief, aber voller Leidenschaft. Langsam war es ihm peinlich. Doch dann schnippte dieser Verkäufer mit den Fingern, ging an ein Regal, griff nach einer Plattenhülle, holte die schwarze Scheibe heraus und legte sie auf den Player. »Da, setz' die Kopfhörer auf.« Er lauschte gespannt. Die hellen Klavierklänge am Anfang, wie Tropfen oder Tränen, und diese extrem melancholische Stimme. Und dann, ja, dieser Refrain, dieses Herzstück, zerreißend, Gefühl, nichts als Gefühl: »I can't live if living is without you/ I can't live I can't give anymore«. Jetzt fühlte er ihn, diesen einen Augenblick. »Nilsson« stand auf der Plattenhülle. Er kannte den Sänger nicht. Er würde ihn und seinen Song nie vergessen.

Geht er heute zu einer »Oldie-Night«, verstört ihn die Zweideutigkeit des Begriffes. Bei Deep Purple oder den Stones wippt er zuerst mit, zaghaft, dann versucht er die alten Bewegungen. Den Kopf hält er dabei eher steif, schüttere Haare lassen sich nicht mehr wild schütteln. Doch eigentlich wartet er nur auf das dunklere Licht, auf die Ballade. Und den Stehblues. »Standing ovations«, lächelt seine Partnerin.

L'amour – bis zum Ende der Welt

Dass ganz Paris von der Liebe träumt, stimmt einfach nicht. Die eher robust aussehenden Herren mit osteuropäischem Akzent, die auf dem Weg hoch zum Montmartre wortreich ihr Spiel mit dem Glück anpreisen, träumen nur vom schnellen Gewinn. Und die Touristen, die sich darauf einlassen, denken ziemlich verträumt, dass die Herren vertrauenswürdig sind und ihnen nicht das Blaue vom Himmel herunterlügen. Bis sie merken, dass man auf der Hut sein sollte vor den Hütchenspielern. Da haben sie ihr Geld schon los, so flink, wie die Glücksgaukler mit den Bechern wirbeln. Gutgläubige und Gierige sind für die Freiluft-Zocker eine sichere Bank. Ihr Kurswert erlebt eine Hausse.

Bei Liebenden kommen sie selten an. Die spielen mit sich und ihrer Sehnsucht. In der Hoffnung oder im Glauben, sich nicht zu verzocken, niemals. Droben, vor Sacré-

Cœur, schlagen die Herzen schneller. Pärchen setzen sich nach dem Aufstieg auf die Treppen, holen Luft für den atemberaubenden Blick auf die Stadt, schauen, staunen, schmusen und schmiegen sich aneinander. Manche stehen den Straßenkünstlern Modell, lassen sich porträtieren und lächeln versonnen, wenn sie das fertige Bild betrachten. Bilder, gedacht für eine kleine Ewigkeit. Oder zumindest für einen Lebensabschnitt. In der weißen Basilika, die dem Herz Christi gewidmet ist, mischen sich die Liebespärchen unter die anderen Gläubigen. Unten dreht sich ein Karussell.

»Die Liebe ist stärker als der Tod«, sang einmal die Chansonette Françoise Hardy, voller Hoffnung, aber auch mit großer Melancholie. Er drückte es anders aus, erschreckend lakonisch, in finaler Poesie: »Lass den aufgeklärten Verstand in unserem Kielwasser zurück / du wirst Christus sein auf dieser Pauschalreise / – Geld schlägt die Seele – / Letzte Worte, letzte Worte / Aus.« Am Tag nach Jim Morrisons Tod hatte seine Freundin Pamela Courson diese Zeilen entdeckt, in einem Notizbuch. Schräg fällt das Licht durch alte Bäume, legt sich weich auf das Quartier der prominenten Toten. Das grobe Pflaster knackt bei jedem Schritt auf diesem Pilgergang. Erst führt er über die zentralen Achsen von Père Lachaise, dann auf kleinere Wege, Abzweigungen. Immer wieder suchende Blicke auf die Namen und Inschriften an den mächtigen Grabhäusern. Im Friedhofsplan ist der Ort markiert, wie auf einer sakralen Schatzkarte: 6. Division, 2. Reihe, Grab 5. Andere Pilger haben sich schon versammelt, stumm schauen sie auf sein Grab, abgesperrt mit einem Metallgitter, manche bekreuzigen sich. Andere halten mit dem Handy auf das vergilbte Foto, das den jungen wilden Rock-Poeten mit der Mähne und dem Engelsgesicht zeigt, auf die roten und weißen Rosen, die für den »très cher ami« niedergelegt wurden, auf die brennende Kerze, auf die kleine Tafel, in die eine Taube mit goldenen Flügeln eingraviert ist, auf jede einzelne Reliquie. Es klickt im Sekundentakt. Ein Mann um die fünfzig, in Jeans und Lederjacke, zündet sich eine Gitane an, zieht den Rauch tief ein, bläst ihn breit in die Luft und starrt dabei auf die Pilgerstätte. Minutenlang steht er so da, das Grab fixierend, jedes Detail mit den Augen scannend. Seine Partnerin streichelt ihm übers lange schwarze Haar, schweigend. Dann wirft er die Kippe weg, sie landet zwischen zwei Sarkophagen. »Jim war ein Großer«, sagt der Mann. Die Frau nickt. Dann gehen sie. *Light my fire.*

Es ist keine Kunst, beim Gang über den Pariser Prominentenfriedhof sentimental zu werden. Am Grab von Frédéric Chopin erklingt leise Klaviermusik des Komponisten, eine Gruppe von Menschen lauscht ihr andächtig. Eine Frau zündet eine Kerze an und legt sie neben die frischen Tulpen. Bei Molière und Balzac schaut an diesem Nachmittag kaum jemand vorbei. Männer in schwarzen

Pullis stehen am dunklen Sarkophag von Marcel Proust und tauschen sich flüsternd aus. Über die verlorene Zeit? Nicht vergessen werden, auch so eine Hoffnung der Lebenden. Fans haben es Gilbert Bécaud versprochen, dem großen Sänger und Entertainer, in gravierten Worten: »Merci, Gilbert.« Sein Publikum werde immer an ihn denken. »Dieu réunit ceux qui s'aiment«, steht am Grabmal von Edith Piaf. Viele kommen hierher, zum Spatz von Paris, der so hoch flog und dem der Himmel doch zu weit war. »Gott vereint die, die sich lieben.« Am Grab von Abaelard und Héloise, dem berühmten tragischen Liebespaar aus dem Mittelalter, rührt dieser Satz bis in die Seele.

Merkwürdig leise kreischen die Krähen auf, wenn sich Menschen den Monumenten der Trauer und der Erinnerung nähern. Es ist still auf Père Lachaise, obwohl die Wege voll sind von Grabpilgern. Ihre Gesichter wirken ernst, nachdenklich, mitunter fast verklärt. Es ist wohl die größte Sehnsucht des Menschen, gerade heute: dass nicht alles vorbei ist, wenn das Leben zu Ende ist. Dass etwas bleibt – von dem Ich, das man war, von der eigenen Geschichte, von den gelebten Träumen. Und der Liebe, gelebt, bis zum Ende der Welt.

»Madame, wo bitte geht es zum Ende der Welt?« Die Frau in dem burgundischen Dorf zuckt mit keiner Wimper, als sie dem fremden Autofahrer antwortet. »Immer geradeaus, am Ende der Straße kommt ein Parkplatz, von dort sind es zu Fuß nur wenige Minuten«, sagt sie lakonisch, als ob es das Selbstverständlichste der Welt wäre, an deren Ende zu kommen, dorthin, wo alles aus, vorbei ist. So routiniert, fast teilnahmslos, wie sie mit ausgestreckter Hand in die beschriebene Richtung zeigt, scheint Madame schon vielen den finalen Weg gewiesen zu haben. Ist das etwa Fortuna? Nein, nur eine ganz normale und ziemlich adrette Bürgerin von Nolay. Hier, im Herzen Burgunds, lebt man schon immer mit dem Ende der Welt, und zwar ausgesprochen gut. Denn der »Cirque du bout du monde« ist eine einträgliche Attraktion, die Touristen kommen zuhauf. Neugierig machen sie sich auf den Weg durch sattes Grün, vorbei an ausladenden Laubbäumen, bis sie am »Ende der Welt« stehen, staunend: ein Halbkreis hoher heller Felsen, von denen ganz feine Wassertropfen wie Perlen herunterpurzeln. Zartes Blau, das verschwimmt, grüne Tupfer und Steinschwärze auf erdfarbenem Grund.

Solche besonderen Orte bewegen. Sie wirken magisch, auch auf junge Menschen. Chiara springt hinter den feinen Tropfenvorhang, greift sich lachend an den Kopf, weil sie nass geworden ist. Dann setzt sich die 14-Jährige auf einen Stein und betrachtet dieses hell gerahmte Landschaftsbild, minutenlang. Später, als sie und ihre Eltern zurück sind im Hotel, klappt Chiara den Laptop ihres Vaters auf und schreibt eine Geschichte über das »Ende der Welt«, eine »Sehnsuchtsgeschichte«:

»Lautlos rannen die Tropfen am steilen Felsen hinab und plätscherten auf den steinigen Boden. Es war so herrlich still und einsam hier. Sie hätte nie gedacht, dass sie je wieder hierher kommen würde. Es war ihr Rückzugsort. Oft war sie hierhergekommen, um über alles nachzudenken. Lange Zeit hatte sie das getan. Bis er auf einmal in ihrem Leben aufgetaucht war und ihr Leben völlig auf den Kopf gestellt hatte. Das war vor einem Jahr gewesen, und sie konnte sich fast nicht mehr an ihr Leben erinnern, bevor er aufgetaucht war. Jetzt fühlte sie sich leer. Seufzend ließ sie sich auf einem Felsbrocken nieder. Von ihm verlassen worden zu sein, erschien ihr wie ein tiefer Abgrund. Aber sie hatte es geschafft, an diesen Ort zu gelangen. Und er tat ihr gut. Das konnte sie fühlen. Er gab ihr Kraft und sie begann, wieder nach vorne zu schauen. Zwischen den Ästen in den hohen Kronen der Bäume drang plötzlich ein Sonnenstrahl hervor und streifte für einen Moment ihr Gesicht.«

Verschobene Achsen

Im Rheintal kreuzen sich kurz die Hauptachsen dieser Sehnsuchtsreise. Weiter nach Osten, auf der A8 nach Stuttgart und Ulm. Auf Ostkurs, sozusagen. Der alte Spruch kommt in den Sinn, als Sprechblase aus einem vergilbten Realsatire-Comic, über den man heute lachen kann: »Wenn es dir hier nicht passt, dann geh doch rüber!«

Im Schwäbischen pflegten bieder Empörte oft noch hinzuzufügen: »Du langhooriger Seckel!« Oft hat man ihn gehört, ihn zu hören bekommen, diesen Spruch aus einer anderen Zeit, damals, als mit den Pershings die atomaren Ängste in Deutschland stationiert wurden und als Wut, Sehnsucht und auch Pathos mitliefen, bei den Großdemos oder der Menschenkette von Stuttgart nach Ulm. Im Parka. Positionen waren zu Polen geworden, das verbale Wettrüsten lief hochtourig, auf beiden Seiten. »Weine nicht, wenn der Reagan fällt«, skandierten, wenig gutmenschlich, die Einen. »Geht doch rüber«, geiferten die Anderen, ideologisch unsauber, mit hochrotem Kopf.

Als wir Jahre später, lange nach Glasnost und der Wende, zum ersten Mal tatsächlich drüben waren, als Chronisten einer politischen Reise des Stuttgarter Landtages, kam es zu einem denkwürdigen Vorgang. Dass sich ausgerechnet ein damaliger CDU-Minister nachts noch den seligen Traum erfüllt hatte, Lenin im Moskauer Mausoleum zu besuchen, das hatte die ideologischen Achsen schon ziemlich verschoben. Am nächsten Morgen aber machte ein Grünen-Oppositionspolitiker den politischen Weltfrieden endgültig perfekt. Als er auserkoren war, an der Moskauer Universität einen der traditionell zahlreichen Toasts auszubringen, jubelte es aus ihm in echter Überzeugung. Der Grüne hob das volle Wodkaglas, prostete dem CDU-Minister mit besonderer Hingabe zu und sprach: »Dass wir zusammen mit Ihnen dort sein dürfen, wohin sie uns immer gewünscht haben, erfüllt mich mit ehrlicher Freude.« Das dröhnende Gelächter der deutschen Gäste mochten die russischen Uni-Funktionäre nur mühevoll deuten. Heute ist der Grüne parlamentarischer Staatssekretär. Und der damalige CDU-Minister politisch aus dem Rennen. Auch so eine Achsenverschiebung, die einiges mit Sehnsucht zu tun hat. Und mit Glück. Da hat sich das Rad mächtig gedreht.

Auf der Höhe von Ulm wird eine eindrückliche Begegnung mit Manfred Spitzer, dem Direktor der Psychiatrischen Universitätsklinik in der Donaustadt, wieder präsent. Wissenschaftler wie er greifen heute statt Gott beherzt in die Speichen des Fortuna-Rades. Vorbei die Zeiten, in denen Glück unberechenbar vom Himmel fiel. Bislang können die Forscher zwar noch nicht Schicksal spielen und das Glücksrad anhalten. Aber dem Augenblick, dem schönen, der partout nicht verweilen will und ernüchternd kurz ist, sind die Wissenschaftler auf die Schliche gekommen – nachdem sie lange Zeit dem kurzlebigen Wohlfühlglück hilflos hinterher rannten, weil es sich aus dem Staub gemacht hatte, noch ehe es erforscht war. Inzwischen hat man das höchste der Gefühle dingfest gemacht und erkannt, dass es so banal wie ein Lichtschalter funktioniert. Jeder kann ihn anknipsen. Dass Sex oder Sport, Alkohol, Nikotin und alle anderen Drogen das Gemüt in Wallung bringen, ist bekannt. Relativ neu ist die Erkenntnis, dass auch der Geist Opium für die

Seele ist. »Sobald wir unser Gehirn herausfordern, ihm etwas abverlangen, knifflige Aufgaben lösen, wissbegierig sind oder etwas Neues lernen, stellen sich Glücksgefühle ein, die man sehen kann«, sagte Manfred Spitzer damals. Tatsächlich leuchtet dann im Hirnscann jener winzige Teil des Belohnungssystems auf, der den gewichtigen Namen »Nucleus Accumbens« trägt. Dem Psychiater geht das Wortungetüm samt seiner Bedeutung so locker über die Lippen, dass auch Nicht-Fachleute von den Neurowissenschaften begeistert sind und sie für die spannendste Sache der Welt halten. Ein Interview mit ihm ist der reinste Genuss, weil der Fragende am laufenden Band Neues lernt und an sich selber spürt, dass Spitzer recht hat: Lernen macht glücklich. Zumindest sehr zufrieden.

Angstleben

Zwischen München und Salzburg beginnen sich die Alpen abzuzeichnen. Eine bläuliche Wand, auf die man zufährt, erwartungsvoll, plötzlich aber auch mit Assoziationen, die ein Report im Radio auslöst. Er handelt von der heimlichen und unheimlichen Volkskrankheit: Angst. Laut einer aktuellen Statistik seien rund sieben Millionen Menschen in Deutschland betroffen, wird berichtet. Wie hoch zudem die Dunkelziffer sei, könnten Experten nicht genau sagen. Da ist es, das Wort, das in jede Alltäglichkeit, Heiterkeit und vermeintliche Sicherheit einbrechen kann, jäh und unerwartet. Angst – vor Spinnen oder vor dem Fliegen, vor der Höhe oder vor dem Absturz, vor dem Verlassen oder dem Verlassen werden, vor dem Sterben und vor dem Leben. Sie hat viele Seiten, Gesichter. Eigentlich soll sie sinnvoll sein, als natürliches Frühwarnsystem. Doch wenn sie sich in einem Menschen verbissen hat, ist sie eine Qual, eine wahnsinnige Tortur, eine verdammte Krankheit, vor allem in ihrer perfidesten Variante: als Angst vor der Angst. Die Anderen sehen es nicht, wenn sie einen Menschen packt. Man kann sie nicht sehen, so wie man einen gebrochenen Arm sieht und sofort versteht. Angst versteckt sich in den Innenräumen. Und ihre Opfer halten sie dort versteckt, verpfeifen sie nicht, weil sie sonst selbst auffliegen, als Angsthasen, Paniker, Psychos. Wie sollen krankhafte Angststörungen in diese auf Leistung und Fitness getrimmte Gesellschaft passen? Gedanken steigen auf, Erinnerungen an einen Freund, der auf diese dunkle Wand stieß, der in diesen hermetischen Kreisläufen steckte und der immer wieder von der hilflosen Sehnsucht erzählte, sie durchbrechen zu können, damit das Leben wieder normal läuft.

Früher, in der Schulzeit, hatte Peter gerne gefeiert, Partys organisiert. Und er war der Pannendienst seiner Clique: Blieben die Käfer oder Enten mal wieder liegen, reparierte er sie. Plagte manche Liebeskummer, heulten sie sich bei ihm aus. Kaum einer wusste damals, dass Peter da schon an Ängsten litt: Angst vor Prüfungen, vor dem Versagen. Als Ende der 1980er Jahre plötzlich sein älterer Bruder starb und Peter kurz darauf in einen Autounfall verwickelt wurde, brach die Krankheit aus. Zuerst sprachen Ärzte von psychosomatischen Störungen, dann diagnostizierten sie krankhafte Angststörungen – und schließlich: chronische Angstneurose. Der Arbeitgeber kündigte ihm, als er aufgrund immer neuer Panikschübe nicht mehr regelmäßig in der Firma antreten konnte. »Jetzt bin ich Erwerbsunfähigkeitsrentner, mit 32«, schrieb er 1990 in sein Tagebuch. Dass er sich schämte, sich nutzlos, minderwertig fühlte, deutete er nur an. Peter besuchte eine Werkstatt für psychisch Kranke, die betreute Arbeit gab ihm Sicherheit. Doch Mitte Juli 1991 beschied ihm das Sozialamt, er müsse künftig selbst für den Arbeitsplatz zahlen. Dafür reichte aber seine Rente nicht. Er brach die Therapie ab.

Seitdem lebte Peter nur noch im elterlichen Haus, mit seiner Mutter. Jeder Versuch, nach draußen zu gehen, die paar lächerlichen Schritte zum Gartentor und es dann zu öffnen, diesen ganz normalen Vorgang, wie ihn Millionen anderer Menschen täglich machen, scheiterte irgendwann. Er sah, hörte und spürte dann nur noch eins: Panik. Er zog sich zurück, ins Haus, seinen Fluchtort, der gleichzeitig Gefängnis geworden war. Ein Leben festgefahren auf 145 Quadratmeter.

»Mensch, Peter, geh doch raus. Lass dich nicht hängen. Gib dir einen Ruck, du musst nur wollen«, rieten die Freunde ihrem früheren Pannenhelfer. Bis nur noch wenige kamen. »Ich kann es nicht, ich schaffe es einfach nicht«, sagte er häufig, wenn er am Fenster seines Wohnzimmers stand, auf die Straße schaute und in sich hineinhorchte: »Dieses Alleinsein ist besonders schlimm. Was ist das für ein Leben? Ich gehöre nicht mehr dazu.«

Irgendwann begannen wir sein Tagebuch, das er seit Jahren schrieb, gemeinsam zu lesen. Vielleicht interessierte diese Aufzeichnung der Angst auch andere, fremde Leidensgenossen oder diejenigen, die nichts von dieser verfluchten Krankheit wussten, weil sie, noch immer, ein Tabu war. Vielleicht war das eine Möglichkeit für ihn, Signale nach außen zu senden. Und Reaktionen zu bekommen, Kontakte, Lebenszeichen. Ihm gefiel der Gedanke. Weil er ablenkte und nach Hoffnung klang.

Wir schrieben seine Geschichte auf. Wie die Angst ihn nach und nach immer stärker in den Griff bekommen hatte. Wie er gegen sie ankämpfte und immer wieder verlor. Wie er die Wochen, Stunden und Tage danach maß, wann er die letzte Panikattacke hatte. Wie er sein Angstleben zu ordnen versuchte, mit einem streng geregelten Tagesablauf. Wie er schon zwölf Jahre nur zu Hause, im Gefängnis der Angst lebte und dennoch die Hoffnung hatte, dass er eines Tages aus- und aufbrechen würde. Wie sich auch sein körperlicher Zustand zunehmend verschlechterte. Wie er es hasste, seiner inzwischen alt gewordenen Mutter am Rockzipfel zu hängen, im Wissen, dass er den Weg nach draußen unbedingt schaffen musste, solange sie noch lebte. Weil ihm sonst die Einweisung in eine psychiatrische Klinik drohte.

Er wollte, dass man ihm einen anderen Namen gebe, aus Scham, aus Angst, erkannt zu werden. Seitdem hieß er Peter. Nachdem seine Geschichte in der *Zeit* erschienen war, kamen Leserbriefe. Er las sie, immer und immer wieder. Von den Telefonanrufen, die wir bekommen hatten, wollte er jedes Detail wissen: der geäußerte Schock über sein Schicksal, aber auch Mitgefühl, Respekt davor, trotz alledem nicht aufzugeben, fast Bewunderung – und viele Tipps, wo es Anlaufstellen und mögliche Unterstützung für ihn gebe. »Ich werde wahrgenommen«, sagte Peter und ein Lächeln huschte über sein Gesicht, das über die vielen Angstjahre fahl geworden war. »Irgendwie bin ich nicht mehr so allein.« Er rief bei Experten und Selbsthilfegruppen an, die ihm empfohlen worden waren. Doch als die ihn baten, sie aufzusuchen, ließ er die Kontakte nach und nach einschlafen. »Ich kann es nicht.«

»Reporter vor Ort« hieß die Veranstaltung der Stuttgarter Volkshochschule. Zehn Besucher verloren sich im Vortragssaal, als wir zu erzählen begannen, von Peters Geschichte. Um die Atmosphäre nicht noch trostloser erscheinen zu lassen, war ein Kreis gebildet worden. Der plötzlich in Bewegung geriet. Die zehn Besucher begannen bald selbst zu erzählen, direkt, offen, einige zitternd, mit Tränen in den Augen. Sie alle hatten Panikerfahrungen, manche auch seit Jahren, sie waren Betroffene wie Peter. Dass er nicht dabei sein konnte, verstanden sie. Und bedauerten es.

Heute fallen einen Zweifel an. Und Fragen, unbequeme Fragen. War es richtig, immer nur zu nicken, wenn Peter sagte, dass er den Weg nach draußen im Moment einfach nicht schaffe? Hatte dieses – womöglich falsche – Verständnis mit bewirkt, dass er sich einrichtete in seinem Angstgefängnis, und hatte es mit verhindert, dass er aus- und aufbrach? Und warum hatte man nicht die Courage, den Freund darauf anzusprechen?

Jetzt ist es zu spät. Mit der Angst hatten sich in ihm zunehmend auch physische Krankheiten breitgemacht. Peter starb nur wenige Monate nach dem Tod seiner Mutter.

Wunder ohne Beißhemmung

Der Weg ins Wundersame führt durch enge Gässchen mit groben Pflastersteinen, über die in Jahrhunderten hartnäckig Gras gewachsen ist. Die alten Häuser, die sich zu ihren Lebensfalten bekennen, sind klein, windschief und vor allem bunt: liebesrot, sonnengelb, himmelsblau. Hunde liegen in der Sonne. Über dieser verschlafenen Szenerie wachen Wehrtürme aus früherer Zeit und vor allem der massive Sakralbau der Bergkirche, an dessen Wänden und Decken man gotische Malerei freigelegt hat. So kam der Erzengel Michael zum Vorschein. Graf Dracula dürfte dies nicht ängstigen. Er ist und bleibt die größte, sozusagen unsterbliche Attraktion von Sighisoara, obwohl es höchst umstritten ist, dass er im 15. Jahrhundert in diesem mittelalterlichen Städtchen tatsächlich das Licht der Welt erblickte – was bei einem Vampir sowieso merkwürdig klingt.

»In Transsylvanien messen die Uhren nicht die Zeit, sondern die Ewigkeit«, sagt ein rumänisches Sprichwort. Für Sighisoara, dem alten Schäßburg, gilt das seit mindestens 300 Jahren. Denn so lange schon dreht sich am Uhrturm, einem Wahrzeichen der im Mittelalter von deutschen Einwanderern gegründeten Stadt, die Symbolik des Zeit-Raumes. Immer um Mitternacht macht eine bunte Figur der anderen Platz. So weicht der Montag in Gestalt der Selene dem Mars, auf ihn folgt Merkur, der für den Mittwoch steht, danach erscheint Jupiter. Die Tage vergehen, das Figurenwerk dreht sich, seit einer kleinen Ewigkeit.

Über Jahrhunderte hat die Stadt in Siebenbürgen Kriege, Überfälle, Brände, die Pest und Hungersnöte erlebt. Kein Wunder, dass solche Katastrophen den Aberglauben genährt haben. Und das Wunderdenken. Ominöse Zeichen am Himmel will man früher gesehen haben. Besonders intensiv spukten aber die Horrorgeschichten um den blutrünstigen Grafen weiter und weiter. Heute belebt er noch immer die Fantasie – und nicht weniger stark das touristische Geschäft. Dracula prangt auf T-Shirts und Frühstücksbrettchen. Im Dracula-Restaurant speisen die Besucher mit dem schauderhaften Kick. Dass man unter dem Putz des Gebäudes das angebliche Konterfei des Grafen gefunden haben will, zählt mit zu den vermarkteten Wundern von Sighisoara.

Nur keine Beißhemmung: Die jahrhundertealten Vampir-Geschichten aus Transsylvanien oder anderen Hochburgen der Nachtgestalten leben fort, bis in die heutige Moderne hinein, weil sie so schön schaurig sind. Aber nicht nur deshalb. Auch weil sie Grenzen überschreiten, zwischen Leben und Tod, weil sie in geheimnisvollen Grau- und Zwischenräumen spielen, nicht im digitalen und oft so langweiligen Ja-Nein- und Entweder-Oder-Modus. Und weil sie die gute alte Sehnsucht nach Wundern und dem Wunderbaren evozieren und sie gleichzeitig ein magisches Stück weit stillen. Nicht verbissen, wie es heute allzu gängig wäre, sondern bissfest, mundgerecht zubereitet, al dente. Sind die Vampire nicht so distinguierte Nachtherren wie Christopher Lee, sondern attraktive Teenagerstars, dann ist der uralte Stoff auch für die Jugend ultracool. Zumal, wenn auch noch Liebe im Spiel ist. Bis(s) zum Morgengrauen.

Im Volksglauben hat das Schaudern Tradition. Osteuropa scheint da, okkultpolitisch betrachtet, ein Zentrum zu sein, sozusagen der Hals der Welt. Bis heute. Noch 2005 sorgte die monströse Moritat aus einem rumänischen Dorf weithin für Aufsehen: In Marotinu de Sus soll demnach der Körper eines Mannes ausgegraben worden sein, der zu Lebzeiten im Verdacht gestanden hatte, als Vampir sein Unwesen zu treiben. Angehörige schnitten dem Leichnam das Herz heraus, verbrannten es und lösten die Asche in Wasser auf – um die obskure Lösung zu trinken.

Im Vergleich dazu kommt unsere aufgeklärt-rationale Klage über Blutsauger der anderen Art doch fast schon schnöde und staubtrocken daher, vor allem, wenn wir sie klischeesicher in blutleeren Beamtenstuben von Finanzämtern oder politischen Schauderzirkeln wähnen. Mit Hammer und Pfahl ist denen nicht zu kommen. Aber vielleicht mit der Sehnsucht nach einem Wunder. Und wenn das auch nur Steuerreform hieße. Das gäbe einen Tanz der Vampire!

Heute ist Leben!

Am Ende dieser Sehnsuchtsreise steht ein Anfang. Oder das Andere. Oder doch das Paradies, das verlorene Paradies? Lasziv liegt die kretische Bucht in der Abendsonne, breit ausgestreckt, in diesem unbeschreiblichen Licht. Die Sandsteinfelsen bekommen einen Rotstich, manche Höhleneingänge liegen schon im Schatten. Das

Libysche Meer kräuselt sich, es glitzert, Millionen kleiner heller Punkte tanzen auf den kleinen Wellen. Ein Mann und eine Frau schwimmen aufeinander zu, so scheint es. Sie kommen sich immer näher, punktgenau im rot gefärbten Strahlenbündel der untergehenden Sonne. Erst als beide diese gleißende Stelle erreichen, merkt man, dass sie einige Meter aneinander vorbei schwimmen. Rasch entfernen sie sich wieder voneinander. Noch ist der Herbstwind sanft. Zart streicht er über die Haut und mildert die Schwüle, die über der griechischen Insel liegt.

Eins muss man Zeus, dem alten Schwerenöter, lassen: Als der Göttervater, in Stiergestalt, mit der von ihm entführten Europa an Land ging, hätte er sich dazu wohl kaum eine schönere Stelle aussuchen können. Da müsste auch die phönizische Prinzessin, Objekt der göttlichen Begierde, ins Schwärmen gekommen sein. Matala. Schon der Name klingt wie ein Mythos. Und nach Musik. Er steht für die Sehnsucht nach Freiheit, wild und anarchistisch, nach Glück und freier Liebe unterm kretischen Himmel. Und für eine touristische Attraktion, all inclusive, mit garantierter Hippie-Nostalgie. Abends, wenn am Strand von Matala die weiß-blauen Sonnenschirme zugeklappt werden, packen die Urlauber mit eingeübten Handgriffen ihre Badetücher, Schnorchelsets, Strandschlappen, Beach-Ball-Schläger und Sonnencremes ein, nachdem sie, mit vorgehaltenem Handtuch, Badehosen und Bikinis ausgezogen und in khakifarbene Shorts,

T-Shirts oder kunterbunte Miniröcke geschlüpft sind. Dann noch ein Check, ob die im Reiseprospekt versprochene Kreta-Sonne das weiße Fleisch schon knackigbraun gemacht hat. Und ein letzter seufzender Blick auf die Bucht, hoch zu den Sandsteinhöhlen, in denen die Hippies hausten. Damals, in der Flower-Power-Zeit, als sie aus allen Richtungen hierher pilgerten, um das freie Leben zu leben. Sogar Joni Mitchell und Cat Stevens hat es hierhergezogen. Bis ein Höhlenmensch, so heißt es, von den Felsen stürzte und die Polizei die Hippie-Hochburg dichtmachte. Lang ist's her.

In einer Strandbar spielt eine Live-Band. *Ain't no sunshine when she's gone.* Und *House of the rising sun.* Georgios zu finden, war in Matala nie schwer. »Man erkennt ihn gleich, er hat eine kleine Rose im Haar«, sagten dann Bewohner des Küstendorfes und zeigten Richtung Ortsmitte. Vor einem kleinen weißen Haus saßen Männer an einem Tisch, palaverten und tranken Rotwein. Sein Bart war grau, doch die lockere Art, wie er seinen Freunden etwas erzählte, mit kehligem Lachen, ließ den großen Mann jung wirken. Und tatsächlich, da war die Rose in seinem Haar, das Zeichen seiner Hippie-Geschichte. Der Fischer hatte es schon damals getragen, Ende der Sechziger- und Anfang der Siebzigerjahre, als die Flower-Power-Nomaden nach Matala gekommen waren und abends am Strand sich und die Freiheit feierten. »Make Love not War.« Mitunter waberten dann mysteriöse

Rauchschwaden über die mythische Zeus-Bucht. Matala stillte den Hunger auf Leben, »Mama« Anthousa Zouritakis, die Bäckerin, und Georgios, der Fischer, den alltäglichen Appetit.

»Es war eine tolle Zeit. Damals entstanden viele Freundschaften. Und manchmal war es auch ein bisschen wild«, erinnerte sich Georgios und schmunzelte. Es gibt, seit damals, das Gerücht, der Fischer habe besonderes Anglerglück gehabt. Als die berühmte Folksängerin Joni Mitchell nach Matala kam, habe sie nicht in den Höhlen übernachtet, sondern bei Georgios. Und es sei kein Zufall, dass ihr Song *Carey*, der eine Reminiszenz an Matala sein soll, von einem Liebhaber handle. Da schwieg der Mann mit der Rose und genoss das Wissen um die Wahrheit. »Matala trauert«, berichtete Anfang 2012 ein kretischer Radiosender, »der Fischer Georgios ist tot«. Sie werden ihn in Erinnerung behalten, twitterten deutsche Althippies.

Fischer wie Georgios oder Schiffsleute stehen für das Glück. Die Fahrt hinaus auf das Meer, in die oft raue See, dorthin, wo man seinem Schicksal überlassen ist, das Auf und Ab der Wellen – all das prägte in der griechischen Antike die Vorstellung von Glück. Kein Wunder, dass die Tyche, die griechische Glücksgöttin, noch nicht das Rad als Attribut hatte, sondern das Steuerrad. Und da ist das andere alte Kreis-Motiv, mit dem Seefahrer schon immer leben: die Windrose.

Ende einer Sehnsuchtsreise. Sie symbolisiert die Bewegung, die in jedem Leben steckt: das Auf und Ab, die Metamorphosen, die begangenen Wege mit ihren Zielen, Barrieren oder Wendepunkten – und die Frage, welcher Sinn in all den Erfahrungen, Erlebnissen und Entwicklungen des eigenen Lebens liegt. Wer aufbricht und unterwegs ist, real oder in der Fantasie, der stößt auf neue Bilder und Szenen, die sich mit seinen Erinnerungen vermischen. Kindheit voller Bullerbü-Träume, Politisierung, Rebellion, Ideale, Reflexionen, Brüche, Schicksalsschläge, Glückssuche: Die Sinn- und Sehnsuchtsorte, die auf dieser Reise berührt wurden, stehen für einzelne Lebensmomente und -stationen von Menschen verschiedener Generationen. Sie prägen ihr Denken und Fühlen, sie bestimmen ihre Geschichte und sie evozieren ihre Sehnsüchte.

Die Wege führten von Nord nach Süd, von West nach Ost. Der Kreis hat sich geschlossen. Ein letzter Blick auf Matala, auf die sagenhafte Bucht, die Utopos sein könnte. Und auf die Parole, die seit der Hippie-Zeit an der Mole steht, auf diese so wunderschön radikalen Sehnsuchts-Sätze. »Today is life. Tomorrow never comes.«

Bürgermacht Sehnsucht

Eine kleine deutsche Utopie

Der Himmel über Berlin trägt gedecktes Grau, als die Medienrepublik aus allen Wolken fällt. Die Kanzlerin gebe am Nachmittag überraschend eine Regierungserklärung ab, lautet die Nachricht, die sich wie ein Lauffeuer in alle Redaktionen verbreitet hat. Ein neuer Milliarden-Rettungsschirm für eine Bank oder ein krisengeschütteltes EU-Land? Krach in der Koalition? Oder hat etwa der neue Bundespräsident auch eine Immobilie schief finanziert? Die medialen Analysten tappen völlig im Dunkeln, was sie schwer betrübt. Aus den Regierungsfraktionen ist kein Wort zu hören. Selbst die einschlägig bekannten Affärenflüsterer und Heckenschützen haben nichts Konkretes zu soufflieren. Seltsam, sehr seltsam. Der Journalistentross wälzt sich in den Bundestag, die Notizblöcke und Mikrofone sind gezückt, die Kameras in Stellung gebracht. Die Live-Schaltungen stehen.

Die Kanzlerin marschiert erstmals ohne Manuskript ans Rednerpult, verzichtet auf die einschläfernde, zeitraubende und heuchlerische Anredefloskel der »lieben Kolleginnen und Kollegen«. Von wegen »liebe« Kollegen, denkt sie vielleicht, als sie ihre Rede floskelfrei mit einem Zitat von Ernst Bloch beginnt: »Denken heißt Überschreiten.«

Sie macht eine kurze Pause und sieht entspannt aus wie nie. »Denken heißt Überschreiten«, sagt sie noch einmal ganz langsam. Sie scheint sich darin zu gefallen, das Übliche, das Erwartbare bereits schon jetzt gesprengt zu haben. »An Gedanken hat es dieser Regierung in all den Jahren weiß Gott nicht gefehlt«, fährt sie fort, »aber am Willen, unseren Erkenntnissen Taten folgen zu lassen.« Jetzt schaut sie in die Kamera und spricht die Zuschauer betont freundlich mit »liebe Bürgerinnen und Bürger« an. »Wir müssen geschlafen haben, sehr lange und sehr tief. Als 2007 erstmals das ganze Ausmaß des Finanzchaos die Welt erschütterte, sind wir zwar kurz aufgewacht, haben eben mal die Banken großzügig mit Ihrem mühsam erarbeiteten Steuergeld wieder aufgepäppelt, uns dann aber gleich wieder hingelegt. Wird schon werden, haben wir uns noch zugemurmelt, bisher wurde es ja immer irgendwie. Dieses Mal wurde es leider eine Katastrophe. Rein gar nichts haben wir aus der ersten Finanzkrise gelernt. Denken hieß für uns eben nicht Überschreiten, sondern auf der Stelle treten. Entgegen unserer Einsicht haben wir die Macht der Banken und die des Finanzmarktes nicht begrenzt, den Zockern und Tricksern und diesem unheimlichen Moloch keine Zügel angelegt, obwohl wir es auch Ihnen, den Bürgern, versprochen hatten. Nichts als Lippenbekenntnisse waren das, reine Augenwischerei. Tatsächlich haben wir tatenlos zugesehen, wie diejenigen Finanzmanager, denen wir mit Milliarden geholfen haben, sich rasch wieder satte Boni selbst zugeschanzt und ihr dubioses Spiel weiterbetrieben haben, als ob nichts passiert wäre. Wir haben die Macht der Banken nicht begrenzt, wir sind vor ihr eingeknickt.«

Einigen Journalisten, die bis dahin wild mitgeschrieben haben, fallen die Kugelschreiber aus der Hand. »Das Problem, dem wir uns jetzt stellen müssen, liegt jedoch tiefer«, fährt die Kanzlerin fort. »Wir haben uns in den vergangenen Jahren immer stärker und bedingungsloser einem Diktat unterworfen, das zwar finanz- und wirtschaftspolitischen Mechanismen und Doktrinen entspricht, dem gesellschaftlichen Konsens aber zunehmend widerspricht und ihn auf Dauer akut gefährdet. Ich spreche von dem Prinzip der linearen Progression, klarer und bürgernäher ausgedrückt: von dem Prinzip des permanenten Immer-Mehr und Immer-Weiter – ohne Rücksicht auf Verluste. Und dabei meine ich nicht wirtschaftliche Verluste, sondern in erster Linie den Verlust von sozialer Gerechtigkeit, von sozialem Frieden, letztlich auch von selbstkritischer Wahrnehmung gesellschaftlicher Realitäten. Seien wir doch ehrlich, ich meine wirklich ehrlich: Natürlich hat sich in diesem Land die Schere zwischen Reich und Arm weiter geöffnet, natürlich ist die zunehmende Angst im Mittelstand vor dem sozialen

Absturz eine reale Angst, und natürlich liegt in dieser Entwicklung ein enormer Zündstoff für unsere Gesellschaft. Und für unsere Demokratie. Wir alle sind Meister darin, in politischen Sonntagsreden, Interviews oder Talkshow-Auftritten solche Realitäten wortgewandt und äußerst klug zu kaschieren oder sogar auf den Kopf zu stellen, wenn es den eigenen Zielen oder denen der Partei nutzt. Und wenn es vor allem dazu dient, die Regierungsmacht zu erhalten. Was diesen Punkt angeht, da besteht in diesem Haus längst die größte aller denkbaren Koalitionen.« Seit etwa zwanzig Minuten könnte man im Deutschen Bundestag eine Heftklammer fallen hören. Oder, theoretisch, einen Groschen.

»Wir leben, liebe Bürgerinnen und Bürger, in einem kapitalistischen Wirtschaftssystem, das ist ein unumstößlicher Fakt. Wer wie ich den real existierenden Sozialismus erlebt hat, schätzt umso mehr die großen Chancen und Vorteile, die in einer sozialen Marktwirtschaft liegen und die sie garantiert. Daher werde ich mich für sie immer einsetzen, mit großer Energie und Leidenschaft. Wachstum und Fortschritt sind für die gesunde und erfolgreiche Entwicklung einer sozialen Marktwirtschaft essentiell, auch das gehört zu den Tatsachen, die wahrzunehmen sind.« Die Kanzlerin schaut energisch. »Doch ich sage auch«, und jetzt blickt sie in Richtung ihres Wirtschaftsministers: »Wohin ungehemmtes Wachstum führt, haben wir inzwischen auch verstanden. Unser Ziel muss eine grüne Wirtschaft sein, ein verantwortlicher Umgang mit der Umwelt. Den ersten Schritt haben wir schließlich mit dem Ausstieg aus der Atomenergie gemacht. Ich, als ehemals überzeugte Anhängerin dieser Energie, bin jetzt vom Gegenteil überzeugt. Denen, die mir wahltaktische Gründe unterstellt haben, sage ich nur: Denken heißt Überschreiten. Andere Erkenntnisse müssen andere Taten nach sich ziehen.«

»Genauso wichtig wie wirtschaftliche Stabilität und verantwortungsvolles Wachstum ist die Wohlfahrt der Menschen, ihre Lebenszufriedenheit«, fährt die Kanzlerin in ihrer Regierungserklärung fort. »Die hat sehr wohl mit Politik zu tun. Jeder Minister, der über einen Etat entscheidet, hat es in der Hand, ob Staatsausgaben sinnvoll verwendet und damit Grundlagen für das Glück der Mehrheit geschaffen werden. Die Ausgaben für Forschung und Bildung müssen kräftig gesteigert werden, weil Bildung die Basis für das Lebensglück der Menschen ist. Schon das Lernen an sich macht glücklich, hat die Hirnforschung herausgefunden. Warum gehen dann so viele Kinder so ungern in die Schule? Da läuft doch etwas gewaltig schief in unserem Bildungssystem. Im Übrigen werde ich mich vehement dafür einsetzen, dass das wichtigste Ressort für die Lebenszufriedenheit unseres Volkes künftig der Bund in die Hand nimmt. Damit dieser Blödsinn der verschiedenen Bildungspläne aufhört, nicht jedes Land machen kann, was es will. Die Leidtragenden sind die Schüler. Ich will Chancengleichheit für alle Kinder.«

»Ich war bei der Lebenszufriedenheit angekommen – darin haben wir, wenn man so will, seit Jahren ein Minuswachstum. Die viel zitierte Politikverdrossenheit, wohl aber noch mehr und konkreter die zahlreichen Protestbewegungen, die sich in unserem Land in den vergangenen Jahren formiert haben, zeugen davon. Viele Bürger sind offenkundig unzufrieden mit dem Zustand unserer Politik, unseres Wirtschaftssystems, sogar mit unserer Demokratie. Gerade Letzteres muss uns aufrütteln. Wir müssen die Proteste zur Grundlage einer Zukunftsvision für diese Gesellschaft machen. In dieser Vision müssen alte und neue Werte so verankert werden, dass sie das Glück vieler zumindest anstreben. Denn wo die Glückssuche zur reinen Privatsache wird, fühlen sich die Menschen nicht mehr verantwortlich für ein übergeordnetes, gesellschaftliches Glück, werden unpolitisch, unsozial und unsolidarisch. Ich gebe zu: Für uns Politiker sind Zufriedenheit, Sinn und Glück noch weitgehend ungewohnte Begriffe und Parameter. Wir sind primär Rationalisten, Vernunftmenschen. Und müssen dies auch sein. Das verlangt die große Verantwortung, die wir für dieses Land haben. Und doch ist mir immer klarer geworden, dass wir nicht nur den Kopf, sondern auch das Herz der Menschen erreichen müssen. Das schaffen wir nur, wenn wir ihre Träume und Sehnsüchte kennen. Wir müssen das

Glück unserer Bürger zum Maßstab unseres politischen Handelns machen – so, wie es das kleine Königreich Bhutan schon seit Jahrzehnten praktiziert. Ich werde den Entwicklungshilfe-Minister zur Recherche in den Himalaya schicken.«

Die Fernsehkameras schwenken über die offenen Münder der Abgeordneten und dann hektisch auf die Zuschauertribüne, wo eine Gruppe junger Menschen ein Transparent auspackt und hochhält: »Occupy the Life!« Der Bundestagspräsident greift nicht ein. Wie eingefroren sitzt er auf seinem Hochsitz.

Die Kanzlerin wendet sich wieder an die Abgeordneten. »Mir wird immer wieder vorgeworfen, dass ich nur eine Politik der kleinen Schritte betreibe. Dass mir der große Wurf, die große Linie fehle. Dazu sage ich: Ja, ich bin keine Visionärin, und mir ist das Talent zur Utopie nicht gegeben. Doch ich will und werde diesen Weg hin zu mehr Zufriedenheit des einzelnen Bürgers, zu mehr Sinn und Glück ganz bewusst gehen. Der erste Schritt besteht darin, dass die Bundesregierung zusammen mit Vertretern zahlreicher Bürgerbewegungen, Engagierten-Institutionen und Experten sowie mithilfe umfassender Bürgerumfragen einen Lebenszufriedenheits-Index für unser Land erarbeiten wird. Der Enquete-Kommission »Wachstum, Wohlstand, Lebensqualität«, die bereits tagt, werde ich Dampf machen. Von wegen sollen Ergebnisse erst im Jahr 2013 präsentiert werden. Noch dieses Jahr will ich Fortschritte sehen! Zudem werde ich in den nächsten Tagen die Stelle eines Lebensqualitäts-Beauftragten schaffen, die direkt im Kanzleramt angesiedelt wird, im Range eines Staatssekretärs. Er soll im Dauer-Dialog mit der Bürgerschaft deren Visionen, Träume und Sehnsüchte eruieren.«

Einige Abgeordnete der neoliberalen Fraktion erheben sich von ihren Plätzen. »Ungeheuerlich, das hören wir uns nicht länger an«, rufen sie, bevor sie den Plenarsaal verlassen. Die Kanzlerin zeigt sich unbeeindruckt von dem Vorfall. »Wie Sie alle wissen«, fährt sie fort, »hat die grün-rote Landesregierung in Baden-Württemberg eine Stabsstelle für Zivilgesellschaft und Bürgerbeteiligung eingerichtet. Damit soll unter anderem die Partizipation der Bürger bei wichtigen Projekten gefördert werden. Dies ist sicherlich ein richtiger und sinnvoller Ansatz, den es auch bundesweit auszubauen gilt. Doch wir müssen auch da weiter und ganzheitlicher denken. Es ist an der Zeit, dass wir als Politiker selbst stärker partizipieren – an den Belangen, Interessen und Zielen der Bürger. Bürgersprechstunden und unsere öffentlichen Auftritte reichen da nicht aus, zumal uns das ja meist nur vor Wahlen interessiert, wenn wir ehrlich sind. Es gilt die Demokratie als Ganzes zu sehen und zu leben, als Kreislauf dieses Staates und dieser Gesellschaft. Diesen Kreislauf müssen wir neu in Schwung bringen und eng vernetzt wie nie mit der Glücks- und Zukunftsforschung zusammenarbeiten. Nur so bleiben wir am Puls des Bürgers, seinen aktuellen Wünschen und Meinungen auf der Spur. Nur in einem permanenten Trialog zwischen Politik, Wissenschaft und Bürgerschaft kann der Aufbruch gelingen. Nur so können Ideen für einen neuen Gesellschaftsentwurf entstehen, den wir dringend brauchen. Er muss eine andere, menschlichere Dimension bekommen, muss das Streben nach gesellschaftlichem Glück berücksichtigen und der Ur-Sehnsucht des Menschen gerecht werden. In diesem Gesellschaftsentwurf bekommt das Emotionale und, ich betone, das Utopische einen neuen Stellenwert. Das Utopische muss das Anzustrebende, muss die Zielvorgabe sein. Auch wenn wir uns nur annähern an diese Utopie, bringt sie uns weiter, weil sie uns in Bewegung und dadurch wach hält. ›Im Spannungsverhältnis des Möglichen mit dem Unmöglichen erweitern wir unsere Grenzen‹, sagte Ingeborg Bachmann. Ich schließe mich ihr an. Das Mögliche haben wir inzwischen rauf und runter dekliniert, da kommt nichts Neues mehr. Das spüren auch die Bürger, die nach mehr verlangen. Werden wir ihren Sehnsüchten gerecht!«

Minutenlanges Schweigen im Bundestag. Kein Wort, nirgends. Der Beifall will nicht richtig anheben. Stattdessen geht es in der Presse sofort drunter und drüber. »Kanzlerin schockt Bundestag mit romantischer Ruckrede«, titelt die Online-Redaktion einer führenden Tageszeitung. »Soft Skills für die Demokratie?«, fragt ein

Wirtschaftsblatt. Und dem Boulevard wird's ganz warm ums Herz: »Endstation Sehnsucht im Kanzleramt«. Auch Experten werden herangezogen und zitiert. Ein konservativer Politologe warnt: »Wird Sehnsucht zu einer Bürgermacht, wird das Regieren immer schwerer«. »Es reicht doch, dass wir schon den Wutbürger haben, der wichtige Projekte blockiert, jetzt droht uns auch noch der Gefühlsbürger.« Er frage sich ernsthaft, ob eine Regierungschefin, die das Emotionale so hervorhebe, überhaupt noch für dieses Amt geeignet sei. »Sehnsucht ist längst eine Bürgermacht«, sagt dagegen ein habilitierter Soziologe, »die Kanzlerin weiß das als versierte Analystin und hat darauf jetzt clever reagiert.« Erste Blitzumfragen zeigen tatsächlich: Die »romantische Ruckrede«, wie die Regierungserklärung jetzt in fast jeder Sendung bezeichnet wird, hat mehr als 70 Prozent der Bürger »völlig überzeugt« oder sogar »total begeistert«.

Rasch flutet der Überraschungscoup der Kanzlerin auch die einschlägigen Talkshows. »Wie viel Romantik braucht diese Demokratie?«, lautet die Frage bei Beckmann. Zeitgleich konkurriert Maybritt Illner alliterationswütig mit dem Thema: »Suche nach Sinn – der Sehnsuchtsbürger«. In beiden Talkrunden sitzen die immer Gleichen. Hart, aber fair wird einen Abend später über den »neuen Aufbruch« debattiert, auch mit alten Gesichtern. Der ewige Kommunarde Rainer Langhans versucht dabei, seinem empirischen Harem-Dauerversuch eine postrevolutionäre Programmatik zu geben und wird von Jutta Ditfurth als »notgeiler Nostalgiker« tituliert. Worauf Uschi O. aus einer vorübergehenden Schlafpause erwacht und leicht verwirrt fragt, ob Mick Jagger und Keith Richards schon aufgestanden seien und das Haus verlassen hätten.

Längst hat das Thema gewaltig Fahrt aufgenommen, rast durch die gesamte Medienrepublik. Architekten diskutieren plötzlich über die Sehnsucht als Raumprinzip, Städte- und Landschaftsplaner über den identitätstiftenden Sinn regionaler Sehnsuchtsorte. Schriftsteller und Literaturkritiker streiten sich darüber, ob es einen deutschen Sehnsuchtsroman gibt, geben soll oder jemals gegeben hat. Die Kultusministerkonferenz beschließt, dass jede Schule das Fach »Glück« in ihren Bildungsplan aufnehmen soll. In Baden-Württemberg, dem demokratischen Labor, entwickeln derweil engagierte Bürger ein innovatives Gesellschaftsspiel nach dem Muster der Jungkschen Zukunftswerkstatt. Mit dem klassischen Dreischritt Kritik, Vision und Umsetzung. Kommunal- und Landespolitiker verpflichten sich darin, die von fachkundigen Bürgern entwickelten Änderungen und Neuerungen möglichst zu realisieren. Schwaben nennen den gesellschaftspolitischen Dreier anders: Schimpfen, spinnen, schaffen.

Guido Westerwelle ist schwer ins Grübeln gekommen. Wenn sich in Berlin eine Megakoalition in Sachen Sehnsuchts-Politik abzeichnet, müssten sich sämtliche

Parteien auflösen, was in letzter Konsequenz bedeute, dass er sich selbst abschaffen müsse. Weil er selbst diese trübe Aussicht unbedingt in der Öffentlichkeit los werden muss, erntet er dafür in Umfragen frenetischen Jubel und klettert an die Spitze der Politiker-Beliebtheitsskala. Das wiederum hebt so gehörig Westerwelles Stimmung, dass er kurz darauf in einem blauen Sehnsuchts-Mobil durch Deutschland tourt. Dabei geißelt er auf spontanen Sit-ins die schlimmen Auswüchse des Neoliberalismus in der jüngeren Vergangenheit und wird schließlich Chefsprecher der Bewegung »Occupy the life«. Mehr Utopie geht nicht.

Weniger Utopie würde vermutlich vielen schon genügen. Die Meisten verlangen ja nichts Unmögliches, wenn sie ihre Träume von einer menschlicheren Gesellschaft zu verwirklichen suchen und von Politikern und Entscheidungsträgern ein Umdenken in diese Richtung erwarten. Die Menschen im Aufbruch wollen mehr Sehnsucht leben. Das setzt voraus, dass auch die Regierenden aufbrechen. Unter der politischen Leitlinie: Mehr Sehnsucht wagen!

Noch ein Wort

Ihr recherchiert über Sehnsucht in der Gesellschaft? Medienkollegen, auch manche Freunde und Bekannte bemühten sich, ihre Verwunderung zu kaschieren. Wie können zwei Journalisten derart der Romantik verfallen? Zumal einer von ihnen sonst gänzlich unpoetischen Themen wie Mafia, Korruption oder Terror auf der Spur ist.

Dieses Buchprojekt entstand, weil wir immer wieder auf Menschen trafen, für die Sehnsucht zwar ein vertrautes, aber gleichzeitig auch ein höchst irritierendes Gefühl ist. Umso mehr waren wir von der Offenheit, auch von der Courage beeindruckt, mit der so viele Personen uns Journalisten in den vergangenen Jahren von ihren inneren Brüchen und Aufbrüchen erzählt haben. Sehnsucht schilderten sie als treibende Kraft, sich nicht länger mit einem unvollkommenen Leben abzufinden. In oft intimen Gesprächen erzählten sie, wie sie darunter litten, zerrissen zu sein, sich ein anderes, »ganzes« Leben erhofften – und eine andere Politik. Ihnen haben wir sehr zu danken, weil sie uns zu diesem Buch ermutigten. Gerade in Zeiten einer zunehmenden Distanz zwischen Mediennutzern und -machern halten wir eine »menschliche Investigation« für sinnvoll.

Dem Verleger Hubert Klöpfer, der sich auf ein solches publizistisches Abenteuer einlässt, gilt natürlich unser besonderer Dank. Den auch menschlich wertvollen Kontakt zu ihm haben wir dem Journalistenkollegen Josef-Otto Freudenreich zu verdanken. Dank auch an Petra Wägenbaur für ihr Lektorat, bei dem wir viel gelernt haben, und an Horst Schmid für die bewährte gestalterische und herstellerische Betreuung. Danke auch unseren Partnern für anregende und kritische Gespräche.

Nachdem wir im Frühjahr 2012 das Manuskript abgeschlossen hatten, fiel uns auf, dass das Wort Sehnsucht immer häufiger in Medienberichten auftauchte. Ein Indiz, dass dieses Gefühl als ein gesellschaftliches Phänomen langsam ernst genommen wird und unser thematischer Ansatz richtig ist? Erhellend, was den politischen Aspekt des Aufbrechens angeht, war die Lektüre von Roland Roths *Bürgermacht* – die Streitschrift des Politikwissenschaftlers für mehr Partizipation. Besonders inspiriert und beeindruckt hat uns das Buch von David Brooks: *Das soziale Tier. Ein neues Menschenbild zeigt, wie Beziehungen, Gefühle und Intuitionen unser Leben formen.*

Es ist also offenbar sehr vernünftig, mehr Sehnsucht zu wagen – und zu leben.

RAINER NÜBEL

1959 in Oberndorf geboren, lebt mit seiner Familie in Beuren, studierte in Tübingen Germanistik und Geschichte, danach arbeitete er als Redakteur bei der Nürtinger Zeitung, später bei den Stuttgarter Nachrichten. Seit 2000 ist er Mitglied der Reportageagentur »Zeitenspiegel« und Mitarbeiter des Magazins »stern«. Co-Autor mehrerer Sachbücher, darunter »›Wir können alles‹. Filz, Korruption & Kumpanei im Musterländle«, dafür 2008 Auszeichnung als »Journalist des Jahres« in der Kategorie »regionale Autoren«, und »Taschenspieler. Verraten und verkauft in Deutschland«.

CHRISTINA BRECHT-BENZE

1955 geboren, studierte in Heidelberg Politische Wissenschaften und Germanistik. Die Fernsehjournalistin arbeitet seit 27 Jahren für den SWR und produziert in seinem Auftrag als Filmautorin und Regisseurin auch Kulturdokumentationen für 3sat und arte. Darunter zahlreiche Filme für die Reihe »Schätze der Welt – Erbe der Menschheit«. Ausgezeichnet mit dem Mark-Twain-Award der Stadt Heidelberg. Sie lebt und arbeitet in Mannheim.

ISBN 978-3-86351-043-5

Lektorat: Petra Wägenbaur, Tübingen.
Umschlaggestaltung: Christiane Hemmerich
Konzeption und Gestaltung, Tübingen.
Foto: Fotolia.
Herstellung: Horst Schmid, Mössingen.
Satz: CompArt, Mössingen.
Druck und Einband: Pustet, Regensburg.

Mehr über das Verlagsprogramm von Klöpfer & Meyer
finden Sie unter: *www.kloepfer-meyer.de*